介護ビジネスの罠

長岡美代

講談社現代新書

2334

はじめに

海外旅行に出かけた先で飛行機を降りた途端、その国独特の匂いや雰囲気を感じ取れるように、老人ホームも玄関に足を踏み入れたときに受ける印象はそれぞれ違う。

ふわっと柔らかな心地いい空気が流れていることもあれば、長く留まるのを避けたくなるようなギスギスした気配を感じる場合もある。それは案外、ホームの質を表していたりする。

ところがそこは、人がいる気配が不思議なほどに感じられなかった。

薄暗いマッチ箱のような小さな部屋が平屋建てのホーム中央にある浴室を取り囲むように配置され、廊下からなかが丸見えになっている。介護ベッドを置くのがやっとの広さの部屋には、トイレも洗面所もない。

入居者はたしかにいる。点滴スタンドに掛けられた容器からチューブが垂れ、その先がベッドに横たわる高齢者の腹部につながっている。経管栄養の胃ろうである。どの部屋を覗いても見える光景は変わらず、物憂げな表情まで一様なので不気味にさえ思えてくる。早くこの場を立ち去りたい衝動に駆られるほどだ。

「空きは二部屋ですが、すぐに埋まるかもしれません。ここのところ申し込みが続いているものですから……」

女性スタッフのやたらに甲高い声が、静まり返ったホーム内に響き渡った。

入居を急かす老人ホームにありがちな営業トークのように聞こえるが、筆者の見学中も電話での問い合わせをいくつか受けており、話は本当だった。

ここは東海地方に点在する老人ホームの一つで、通称「胃ろうアパート」とも呼ばれる。口から食べられなくなった経管栄養の要介護者を専門に引き受け、前代未聞の巧妙な手口で公費を搾取していたことが一時、テレビや新聞、週刊誌などで騒がれ、社会問題にもなった。筆者は久しぶりにアパートの一つを訪ねたが、当時と状況はまったく変わっていなかった——。

二〇〇〇年四月にスタートした介護保険制度は、それまで自治体の措置で提供されていた介護サービスを民間に開放することで選択肢を飛躍的に増やすとともに、市場原理によって悪質な事業者を排除できる、はずだった。しかしながら実態は、胃ろうアパートのように高齢者を食い物にする輩が堂々とのさばっている。

いまや介護保険だけでも一〇兆円の巨大市場に成長した介護ビジネスには異業種からの

新規参入が絶えないが、規模の拡大に伴って架空や水増しなどの不正請求で摘発される事例も増えている。

厚生労働省の調べによれば、二〇一三年度に指定取り消しや効力停止処分（一部または全部）を受けた介護事業所・施設は全国二一六ヵ所と過去最多だった。前年度に比べ一・八倍にも増え、制度開始からの不正請求額は約一七六億円（加算金を含む）にも上る。その出所は、私たちが払っている税金や介護保険料である。

筆者は介護保険が始まる前から高齢者介護の現場を取材し続けているが、不正請求や悪徳業者が目立つようになったのは二〇〇二年頃からだ。その実態を筆者は週刊誌でいち早く追及してきたが、当時から制度の隙を突いたビジネスは暗躍していた。なかでも際立っていたのが「福祉用具レンタルのマルチビジネス」だった。

足腰の弱った高齢者の立ち上がりを楽にする移動式座椅子リフターを数十万円で購入し、それを利用してくれる要介護者を探し出すと定期的に手数料が支払われるというビジネスだ。「介護保険で小遣い稼ぎができる」という触れ込みで全国的に広がった。

介護保険のサービスには公定価格が決められているが、福祉用具は例外でレンタル事業者が自由に料金を決められる。ビジネスの首謀者はそれを悪用し、リフターを購入者から借り受け、提携するレンタル事業者を通じて月二万五〇〇〇円という高額な料金で要介護者に貸し出していた。

利用者の自己負担は一割（当時）だが、残りの九割は保険からレンタル事業者に入るので、そこから購入者に手数料を払える。要介護者がレンタルを続ける限りカネが転がり込むので、「数年後には購入費を上回る利益が出る」と持ちかけていた。

さらにリフターを購入してくれる人を紹介すればするほど手数料が高くなる、マルチ商法の形態をとっており、関係者によれば最盛期には三〇〇〇台以上が普及していたという。

福祉用具が自由価格なのは、事業者同士の競争によって利用者が安価でレンタルできるようにする意図からなのだが、法外なレンタル料を設定しても利用者が納得すれば契約は成立する。リフターの購入者には要介護者もいて、自身で利用しているケースさえあった。

介護保険のサービスを利用するにはケアプラン（介護サービスの利用計画書）が必要になるが、同ビジネスにはその作成を担うケアマネジャーも加担していた。

ところが、「単なる椅子代わりにしか利用されていない」「段ボール箱にしまわれたままで使われていない」といった苦情が自治体に相次ぎ、ケアマネジャーへの締め付けが厳しくなったことからビジネスは先細り、最終的には破綻へと追い込まれた。

「こんなくだらないモノを買わされて……。欲に目がくらんだ自分も悪かった」

当時、取材した被害者の女性は、知人にも何台かリフターの購入を勧めたため責任を感じていた。その代償は被害額以上に大きかったようだ。

ただ、最大の被害者は私たち国民である。わずかな年金を頼りに暮らしている高齢者は生活費を削りながら保険料を支払っているのに、こんなことに使われているのを知ったら許せないだろう。


六五歳以上の高齢者が月々払う介護保険料の全国平均は、制度開始当初の二九一一円から現在は五五一四円(二〇一五〜一七年度)となり、負担感は増すばかりだ。無駄に使われては制度の信頼性さえ揺るがしかねない。

しかしながら、右肩上がりの成長が見込まれる介護ビジネスには安易な事業者の参入も目立ち、昨今は法令順守の姿勢や介護の知識がほとんどない例まで見受けられる。特に老人ホーム事業でその傾向が強まっている。

介護保険は国が報酬やその使い方を決め、あるべき方向へ導いていく機能も有している。だが、制度の隙や抜け穴を突いてくる事業者は必ず出てくる。政策のまずさが制度の悪用を招くこともある。

度重なる制度改正や他法との関連もあって、最近では行政が見破れないような手の込んだやり方で高齢者を食い物にする悪質な事業者も横行する。医師が加担するケースも散見されるのが実情だ。

本書では不正の手口や悪徳業者の最新動向を紹介しながら、事業者が何を考え、それらに行政がどこまで対応し得るのかを取材でのやりとりを通して突き詰め、さらに制度のどこに問題があるのかを解き明かすのを狙いとした。

第一章では、近年急増している「サービス付き高齢者向け住宅」で横行する〝囲い込み〟と、それによって引き起こされる不正や不適切なケアの実態に迫った。また、介護給付費が増大している背景には、老人ホーム政策の矛盾があることにも言及している。

第二章は、国が進める在宅医療で、患者の獲得をめぐって手数料をやりとりする「患者紹介ビジネス」が一昨年問題になったが、その顚末のなかで厚生労働省の二転三転する対応が現場にもたらした混乱などを描いた。

第三章は、「シニアマンション」と称して無届けで運営する〝老人ホームもどき〟において今年、多数の高齢者への虐待が発覚したばかりだが、その背景には自治体に後ろめたい事情が隠されていることを突き止めた。

過去には、群馬県にあった同じく無届けの「静養ホームたまゆら」で火災が発生して一〇人の尊い命が奪われ、それを機に全国的に行政指導が強化されたはずだが、取材や独自調査によって実態はそうなっていないことがわかった。

たまゆら火災では当時の経営者が刑事罰に処されたが、その三〇回近くに及ぶ公判を取材するなかで群馬県が当時、マスコミに嘘をついて責任逃れをしていたことも判明した。その内容にも触れながら、火災を招いた「真の犯人」にも迫った。

第四章は、冒頭で紹介した胃ろうアパートの狡猾な手口とともに、それに思うように切り込めない行政指導の実態と限界を、数年に及ぶ取材によって明らかにした。ここには第一章から第三章までに取り上げた問題のすべてが凝縮されているが、今後もこの手のビジネスは増える可能性があると思っている。

第五章では、看取りへの関心が高まるなかで平穏死や尊厳死に注目が集まっているが、現実にはそれが難しい理由に触れた。ただ、解決策のヒントとなる試みも現場で生まれているので、その取り組みについても紹介している。

「措置から契約へ」を謳《うた》い文句に始まった介護保険だが、それは言い換えれば「福祉からビジネスへ」の転換でもあった。介護サービスには多かれ少なかれ福祉的な要素が必要になるが、現状は利益優先の事業者が跋扈《ばっこ》している。「いかにして儲けるか」ばかりを考え、あの手この手で高齢者を狙っている。その罠は巧妙で、ひっかかっても本人はもとより家族も気づいていないことが少なくない。知らぬ間に被害に遭うことがないよう、本書が少しでも役立てるなら本望である。

目次

はじめに ―――― 3

第一章　入居者の「囲い込み」は当たり前 ―――― 15
――ケアマネジャーは敵か味方か

介護の劣化をもたらした「サ高住」／資産活用で建設需要の掘り起こし／入居者の「囲い込み」は当たり前⁉／不必要なサービスによる「介護漬け」／ケアマネジャーは敵か味方か／手数料で要介護者をやりとり／旨みのある「限度額ビジネス」／囲い込みの落とし穴／入居者を〝軟禁〟するサ高住／行政の甘いチェック体制／生活保護受給者を囲い込むサ高住の事情／囲い込みへのペナルティは効果なし？／囲い込みを促す老人ホーム体系／特養だけに頼れない国の事情／総量規制が足かせに／誤った老人ホーム政策のツケ

第二章　〝二四時間・三六五日対応〟のウソ——患者紹介ビジネスと在宅医療の問題点　67

来てほしいときに来てくれない「在宅医療」のワケ／紹介料は一人あたり月八〇〇〇円／有力な営業先はケアマネジャー？／在宅医療の禁止事項と受けられる治療／裏目に出た在宅医療「誘導策」／強制的にかかりつけ医を変更／〝二四時間・三六五日対応〟のウソ／騙しのビジネスモデル／真面目な在宅医が損をするしくみ／行き当たりばったりの厚労省／看取り家族や老人ホームにとっての大きな支え／看護師にもできること、医師にしかできないこと／誰のための老人ホームなのか？

第三章　「老人ホームもどき」の増加にご注意——悪いのは事業者？　それとも行政？　109

高齢者虐待防止法に抵触／増加する「老人ホームもどき」の弊害／東京都が放置していた／大阪でも介護放棄などが発覚／大阪府と大阪市が責任のなすりあい／見学を拒否する施設事業者／北海道にもどきが多い理由／届け出逃れの手口／「たまゆら」の悲劇／理事と職員はシロウトばかり／群馬県がついた嘘／「介護で一旗あげる」ために東京へ営業／手のかかる高齢者を押し付けていた墨田区／惨事が繰り返

される恐れ

第四章　家族の弱みにつけ込む「看取り」ビジネス――救急車を呼ばず延命措置もしないワケ　153

続出する胃ろう難民／やたらと多い小窓のワケ／救急車を呼ばず延命措置もしない／公的制度を知り尽くした手ごわい事業者／家族の弱みにつけ込む手口／寝かせきりの弊害／拙速な国策のツケ／相次いだ不正請求／「いま死なれたら損する」／行政ののらりくらりな対応／ネックとなっていた縦割り行政／不正隠し／不正の温床／不十分なチェック機能／自らの責任回避のために／指導をためらっていた理由／悪質事業者を放置する愛知県と名古屋市／国は都道府県に責任を押し付け／根本的な解決策は未だとられず

第五章　「胃ろう」の功罪と解決策のヒント――求められるケアの改革　219

「尊厳死の法制化」は誰のため？／障害者団体が抱く危機感／どう死ぬかは本人だけの問題ではない／揺れる思いへの対応も不可欠／デメリットばかりではない胃ろう／胃ろうの予後は平均二年九ヵ月／老人ホーム側の都合／望ましい医療と看護・介

護の連携とは／肝心なのは「どう使うか」／「口から食べられない」は本当か？／〝介護の力〟が発揮される領域／「胃ろう外し」に取り組む特養／思い込みが回復を阻む

おわりに ―― 258

おもな参考文献 ―― 261

第一章　入居者の「囲い込み」は当たり前

——ケアマネジャーは敵か味方か

介護の劣化をもたらした「サ高住」

介護保険が始まって以降、急速に市場が拡大したのは民間の老人ホームといっていいだろう。街中で広告を見かける機会が増え、雑誌やテレビなどのメディアでも特集がたびたび組まれるほどである。かつては富裕層向けが中心だったが、いまは手ごろな料金で要介護者が入居できるところも増えた。

その一方で、昨今はサービスの低下も目にあまるようになってきている。

「夜勤の職員がスマホで仲間を呼んで酒盛りしていた」

「介護職なのにオムツ交換もまともにできない。入居者がオムツで何重にもグルグル巻きにされ、身動きできない状態だった」

「食事にカップヌードルが出てきた」……。

こんな驚くような情報が筆者のもとに次々に飛び込んでくる。

介護施設等の職員による虐待も後を絶たず、二〇一三年度には九六二件の通報・相談が寄せられ、そのうち二二一件（前年度比四三％増）が虐待と認定された（厚生労働省調べ）。いずれも二〇〇六年度に高齢者虐待防止法が施行されてから過去最多だ。

さらに、「ＮＰＯ全国抑制廃止研究会」（吉岡充理事長）が二〇一五年に全国の特別養護老人ホームや介護付き有料老人ホームなどを対象に調べた結果、二〇一二年以降の三年間で虐待と思える行為が「あった」「あったと思う」と答えたところが一五一〇ヵ所（一六・八%）に上ることが明らかになっており、自治体が把握していない虐待が多数存在している可能性を窺《うかが》わせる。

近年では、思うように言うことを聞かない認知症の高齢者に対して、介護職員が殴る蹴るなどの暴行を加え、警察沙汰になった事件まで起きている始末だ。

なぜ、こうも介護の質が劣化してしまったのか。

その大きな要因の一つが、「サービス付き高齢者向け住宅」の乱立といえる。略して「サ高住」または「サ付き住宅」と呼ばれ、二〇一一年一〇月に制度化された新たな老人ホーム類型である。安否確認と生活相談サービスが付いたバリアフリー対応の集合住宅を指し、デイサービスなどの介護事業所を併設しているところも多い。

国から一戸あたり最大一〇〇万円の建設費補助があるため、制度創設からすでに全国には約一八万戸（約五七〇〇ヵ所）が整備された（二〇一五年八月現在）。今後も増え続ける見込みで、二〇二〇年代初頭には六〇万戸にまで増やす計画もあるほどだ。

「今後も高齢者は増え続けます。いまがビジネスチャンスですよ」

建設会社は土地のオーナーなどにこう呼びかけ、サービス付き高齢者向け住宅の新規開設を狙う。介護に関係のない業種ばかりか、「何となく儲かりそう」と安易に参入してくる例も目立っている。

その結果、高齢者を〝儲けの道具〟としか考えない不届きな事業者が跋扈し、介護保険制度の存続まで危うくしかねない問題を引き起こしているのである。

本章では、サービス付き高齢者向け住宅の乱造が介護現場にもたらしたツケと、国が民間企業に補助金を出してまで箱モノをつくらせようとする真の目論見とは何かを紹介していきたいと思う。

資産活用で建設需要の掘り起こし

「三重県にあるサービス付き高齢者向け住宅でおかしなことが起こっている」

筆者がこれから紹介する実態を知ることになったのは、懇意にしている介護関係者からの電話がきっかけだった。ちょうど新聞やテレビなどのマスコミが、サービス付き高齢者向け住宅を新たな老人ホームの選択肢として盛んに取り上げている頃のことである。

介護現場を中心に取材する筆者にとって、関係者からの情報はとても有り難い。日ごろから老人ホームを数多く取材しているが、メディアや業界で評判のよい老人ホームが実はそうでもないケースは意外に少なくない。実態を知るうえで、関係者からのウラ情報は貴重である。

問題のサービス付き高齢者向け住宅は、名古屋から電車を乗り継いで一時間ほどの、田んぼに囲まれた場所にポツンと建っていた。ホームページを見ると、東京に本社があるK社が運営しており、経済誌「週刊東洋経済」が二〇一三年に特集した都道府県別のサービス付き高齢者向け住宅ランキングで、「月額料金の安さ」と「住まいの広さ」で〝ベスト5〟に入ったところでもある。

「地主が業者に貸しているそうですわ。家賃で食っていけるなんて、いい商売ですよねぇ」

目的地に着くまでの道すがら、タクシーの運転手が話しかけてきた。偶然にも地主と知り合いで、事情を知っているようだった。

たしかに、この運転手の話は的を射ている。

老人ホーム事業者は自前で土地や建物を所有して運営する場合もあるが、昨今は土地の所有者に事業者仕様の上物《うわもの》を建ててもらい、それを丸ごと借り受けて運営する方法が主流となっている。業界では、専門用語で「リースバック方式」と呼ぶ。

事業者にとっては、多額の借金をして土地・建物を購入しなくて済むので参入しやすく、事業展開のスピードも速められるメリットがある。一方、土地の所有者は建設費を賄うために金融機関からの借り入れが必要になるものの、事業者から定期的に借り入れ利息を上回る家賃収入が得られるので、ちょっとした財テクになる。

しかも、いまならサービス付き高齢者向け住宅に国から建設費の一部が助成され、各種税の優遇策もあるので、土地の所有者にとっては遊休資産を活用するタイミングとして打ってつけだ。少子化で陰りの見える若者向けアパートから鞍替えする例もあるほどで、建設会社も新築需要が見込めるとあって地主への営業攻勢が激しくなっている。

K社も土地の所有者を募り、その運営を引き受ける形でサービス付き高齢者向け住宅を展開していた。

入居者の「囲い込み」は当たり前⁉

県内に住む佳子さん（八五歳、仮名）の家族がK社のサービス付き高齢者向け住宅に入居を決めたのは、何より料金の安さだったという。

入居時にかかるのは敷金六万円のみで、月額料金は食費込みでたったの九万円（当時）。サービス付き高齢者向け住宅の全国相場は月額一四万円程度なので、いかに安いかおわかりいただけるだろう。地価の高い都市部に比べれば地方は安価で入居できるものが多いが、三重県内でもここまで格安なのは珍しい。だが、それにはある事情が隠されていたことが後に判明する。

佳子さんの入居のきっかけは認知症の進行だったという。自宅に一人で暮らし、介護保険で訪問介護を利用して生活していたが、あるときから「泥棒が入った」「モノを盗られた」などとホームヘルパーを相手に騒ぐことが増えた。

「食事は弁当の配食を使っていましたが、手づかみで食べたり、食べること自体を忘れてしまったりすることもありました。認知症が悪化しているのが明らかだったので、家族に医師への受診を勧めたところ、『もう自宅は無理でしょう』と言われたようです」

以前に佳子さんを担当していたケアマネジャーの野村真実さん（仮名）は、当時の経緯をこう話す。

認知症でも軽度ならば一人暮らしはできなくもないが、火の不始末や徘徊などの症状が出てくると難しくなる例は多い。佳子さんも買い物に一人で出かけていたが、戻れなくなるリスクがあった。

K社のサービス付き高齢者向け住宅には介護職員による見守りが付いており、更衣や排泄などの介護は併設の訪問介護事業所から個別に提供される。ホームヘルパーは自宅にいるときに利用していた事業所に依頼することもできたが、サービス付き高齢者向け住宅の担当者から「うちのヘルパー（訪問介護事業所）を使ってください」と強く勧められたこともあって、家族は承諾したという。ケアマネジャーは引き続き野村さんが担当した。

ところが、ある日のこと。家族が面会に出向くと、ホームヘルパーがそそくさと佳子さんの部屋から出てくる場面に遭遇した。

「その日はケアプラン上では一時間のサービスが提供されることになっていたのですが、わずか二〇分ほどでヘルパーが部屋から引き揚げるところに出くわしたのです。ほかにも着替えや洗顔などがされていない様子が見受けられたそうです」

自宅と同扱いのサービス付き高齢者向け住宅では、家賃を払って居室（住まい）を確保したうえで、介護サービスは別途、個々に契約が必要になる。どんなサービスを、どのくらいの頻度で利用するのかをケアマネジャーと相談して決め、それらはケアプラン（介護サービスの利用計画書）に落とし込まれる。介護事業所はそのスケジュールに沿ってサービスを提供することになっている。にもかかわらず、サービス付き高齢者向け住宅に併設の訪問介護事業所は、ケアプランで決められた時間どおりにサービスを提供していない疑いがあったのだ。

不信感を抱いた家族は野村さんに相談し、自宅で利用していた外部の訪問介護事業所に変更した。ところが、これが思わぬ事態に発展していく。

「お母様（佳子さん）の行動に落ち着きがなくなって、その対応に職員は追われています。警察に何度も電話をかけようとするので困っています。何とかしてください」

サービス付き高齢者向け住宅の職員は、まるで非難するかのような口調で家族に訴えてきたという。

同じような電話は、ケアマネジャーの野村さんにもかかってきた。

「まるで嫌がらせかと感じるほど、しょっちゅう家族や私に電話をよこす始末でした。私が外部の訪問介護事業所に変更したのが気に入らなかったのでしょう。でも、サービス付き高齢者向け住宅にも介護職員がいるのですから、何らかの支援はできるはずです。だから私は、『そちらで対応するのも仕事ではないですか』と伝えました」

だが、事態は改善しなかった。それどころかサービス付き高齢者向け住宅の職員はすぐさま家族に電話をかけ、「他の入居者に迷惑がかかりますので、すぐに退去されるか、ケアマネジャーを当社に変えるか検討してください」と迫ってきた。露骨な報復行動であるのは明らかだった。

病院や老人ホームでは家族が苦情を言った途端に、「気に入らなければ、他に移ってもらってもいいんですよ」と返され、やむなく口をつぐむケースは少なくない。職員の心の内のどこかに「家族が対応できないから、代わりに預かってやっているんだ」という思いがあるからなのだろう。

佳子さんの家族も新たに老人ホームを探したところで、母親が馴染めるのか自信がなかったため、やむなく留まることを決めた。と同時に、ケアマネジャーの野村さんは解任され、ホームヘルパーはふたたびサービス付き高齢者向け住宅の併設事業所に変更されたという。

「表向きは『介護事業所を自由に選べます』となっていても、実態はサービス付き高齢者向け住宅に併設された事業所を利用するよう誘導されます。入居者の〝囲い込み〟は常態化しています」

野村さんの悔しげな表情が胸につまる。

不必要なサービスによる「介護漬け」

自宅と同扱いのサービス付き高齢者向け住宅で介護保険サービスを利用する場合は、**図表1**のとおり要介護度ごとにサービスの「利用限度額（支給限度額）」が決められている。例えば、「要介護1」ならば月約一七万円、もっとも重度の「要介護5」では月約三六万円。要介護者はこの範囲内で利用したサービス費用の一割か二割を払うだけでいいが、事業者はその全額が収入になる。

サービス付き高齢者向け住宅に介護事業所を併設・隣接して入居者を囲い込めば、退去するまで継続的に介護報酬が得られるうえ、戸建て向けにサービスを提供するよりも移動コストがかからないので効率がいい。事業者にとっては在宅の要介護者向けにサービスを提供するよりも、手堅いビジネスになる。そのため囲い込みは、いまやサービス付き高齢者向け住宅のビジネスモデルとしてすっかり定着している。筆者が見学に行った先々で「併設サービスを利用してもらいます」と当たり前のように言われることも珍しくなく、併設または系列サービスの利用が、入居の条件になっているところさえある。

【図表1】介護保険サービスの毎月の利用限度額（支給限度額）

要介護度	利用限度額	自己負担（1割）
要支援1	50,030円	5,003円
要支援2	104,730円	10,473円
要介護1	166,920円	16,692円
要介護2	196,160円	19,616円
要介護3	269,310円	26,931円
要介護4	308,060円	30,806円
要介護5	360,650円	36,065円

注1．地域によっては上記より高くなる場合がある／注2．「自己負担」は、利用限度額をめいっぱい利用した場合の費用／注3．所得によっては自己負担が2割となる場合がある

メディアで優良企業として経営者が紹介されたこともある関東のサービス付き高齢者向け住宅では、朝から夕方まで入居者を併設のデイサービスに送り込み、住居棟に鍵をかけて自由に行き来できないよう管理する。外出も家族による付き添い以外は認めず、訪問介護を使うこともできない。介護サービスの自由な選択や利用が妨げられるだけでなく、〝籠の鳥〟のような生活を強いられるケースもあるのだ。

筆者はK社のサービス付き高齢者向け住宅に勤務していた元ヘルパーにも取材できたが、囲い込

みには〝お抱え〟のケアマネジャーが加担していたことを証言した。

「社長が介護保険の利用限度額ぎりぎりまで入居者にサービスを使わせるよう指示を出し、その方針に会社が雇うケアマネジャーも従っていました。例えば、自分で排泄できる入居者まで夜中に起こしてトイレ介助をケアプランに組み込むのです。入居者のなかには、『記録に（介助したと）書いてもいいから、寝かせて欲しい』と嫌がる人もいたくらいです」

ケアプランの多くはK社が雇うケアマネジャーが作成し、何かと理由を付けては不必要なサービスをプランに組み込んでいたという。いわゆる「介護漬け」である。

K社は利用限度額めいっぱいの介護報酬を得るのを前提に、サービス付き高齢者向け住宅の入居費を安くしていたこともわかった。

「もちろん私も『こういうやり方はおかしいんじゃないか』とケアマネジャーに相談したことはあります。でも、『会社の方針だから仕方がない。（入居者が）トイレに行かないなら、話でもすればいいじゃない』と返されるだけでした。とにかく入居者が自分でできることまで私たちヘルパーにやらせようとするので、部屋を訪問しても会話だけで終わることが少なくありませんでした」

ケアマネジャーは利用者の心身の状態や意向を踏まえて必要な支援（サービス）を見極め

るべきだが、事業者側の利益を優先し、その〝お先棒〟を担いでいたのである。

佳子さんのことも聞いてみた。

「職員のなかには会社のやり方に納得がいかず社長に直訴した者もいました。でも、『仕事もろくにできないくせに』と怒鳴られるので、翌日から職場に来なくなった者は何人もいました。そのせいで人手が少なくなって、入居者に丁寧に関われなくなりました。

そんななかで佳子さんは訪問介護を外部の事業所に変更したので、うちのヘルパーが冷たくあたるようになったのです。何か頼み事をされても、『よその事業所が入っているのだから、そちらに言ってください』と拒むこともありました。入居者からは介護保険のサービスとは別に管理費をもらっているので支援すべきですが、それさえもやらなくなった。私もヘルパーに注意したのですが、聞き入れてもらえなくて……。本当に気の毒でした」

認知症による被害妄想が出ていた佳子さんにとって、近くにいるヘルパーのこうした態度は不安を助長させ、ますます落ち着きがなくなっていくという悪循環だったようだ。

佳子さんを警察への電話に駆り立てたのも、サービス付き高齢者向け住宅側の対応のまずさが招いた可能性が高かった。

ケアマネジャーは敵か味方か

現場で囲い込みを主導していたケアマネジャーとはそもそもどういう職種なのか、ここで説明しておいた方がいいだろう。

介護サービスを一割または二割の自己負担で利用できる介護保険は、原則六五歳以上の高齢者を対象とするが、実際の利用にあたってはまず、市町村で要介護認定を受けなければならない。

さらに、自宅もしくは同扱いのサービス付き高齢者向け住宅などでサービスを利用する場合はケアプランの作成も必要になる。それを担うのが居宅介護支援事業所または地域包括支援センターに所属するケアマネジャーなのだ。「介護支援専門員」とも呼ばれる。「要支援1、2」の人は最寄りの地域包括支援センターが担当し、「要介護1〜5」の人は利用者が自由に居宅介護支援事業所を選ぶことができる。

ケアプランは前述したとおり、どんな種類のサービスを、どのくらい（回数）利用するのかを落とし込んだもので、介護方針も記載される、いわば〝介護版カルテ〟のようなものである。ケアマネジャーは要介護者や家族と面談して生活上の課題や意向を確かめ、さらに心身の状態や住環境なども踏まえて必要な支援を提案して内容を決めていく。

利用するサービスが決まったら、ケアマネジャーは介護事業所の予約・変更などの手配をはじめ、ケアプランの方針に基づいてサービスが提供されるよう事業所間の調整も担う。地域の介護事業所の特徴を把握しておくことも大切な仕事である。

サービスの提供が開始された後も要介護者の自宅を毎月最低一回（要支援者は最低三ヵ月に一回）は出向いて、心身の状態や意向を確認したうえで、必要であればプランの見直しも提案する。

さらにケアプランに位置づけた介護事業所が、毎月のサービスにかかった費用を介護保険の保険者（市町村）に請求する場合に、プランどおりにサービスが提供されていたか確認するなどの「給付管理業務」も行っている。

つまり、ケアマネジャーは介護保険の〝かなめ〟ともいえる存在なのである。

ちなみにケアマネジャーとして働くには、介護福祉士や社会福祉士、看護師など福祉・医療に関する資格を保有し、一定の職務経験が必要とされるだけでなく、「介護支援専門員実務研修受講試験」に合格しなければならない。そのうえで「介護支援専門員実務研修」を受講して、ようやく現場に出られるようになる。

専門職としての歴史は介護保険制度の創設時にさかのぼり、制度のスタート時には担い手不足も指摘されたが、いまでは全国の居宅介護支援事業所と地域包括支援センターだけでも約一〇万六〇〇〇人が従事する（二〇一三年度、厚生労働省調べ）。

ケアプランの作成にかかる費用（居宅介護支援費）は全額が介護保険から賄われ、利用者の負担はいらない。ケアマネジャー（居宅介護支援事業所）には利用者一人あたり月約一万円（要介護1、2）、または月約一万三〇〇〇円（要介護3～5）が報酬として支払われることになっている（担当件数が四〇件未満の場合）。

現役のケアマネジャーで、新任者向け研修の講師も務める林慶照さん（東京都内在住）は、囲い込みに加担せざるを得ない理由をこう説明する。

「ケアマネジャーのなかには独立して仕事をする人もいますが、九割は訪問介護やデイサービスなど何らかの介護事業所を運営している事業者に雇われています。ケアマネジャーへの報酬だけで事業所を経営していくのが困難だからです。

そのため本来なら中立・公正な立場で要介護者に必要な支援（介護サービスなど）を提案すべきなのに、経営トップの意向に従って自前のサービスを利用するよう誘導してしまうのです。特にサービス付き高齢者向け住宅はその傾向が強く、専門的な提案もないまま併設サービスを一律にケアプランに組み込んだり、心身の状態が変わってもプランがほとんど見直されなかったりする例もあるほどです」

たしかに不適切な囲い込みで入居者を介護漬けにする一義的な責任はケアマネジャーにある。だが、そもそもの責任は、利益優先で要介護者をビジネスの対象としか考えていない事業者にあることは言うまでもないだろう。

手数料で要介護者をやりとり

ただ、囲い込みに加担するのは、何もサービス付き高齢者向け住宅のお抱えケアマネジャーだけとは限らない。在宅の要介護者を支援するケアマネジャーのもとには、「自宅での生活が難しくなったら、ぜひうちに紹介してください」と言ってサービス付き高齢者向け住宅や有料老人ホームなどの営業マンが日参し、入居者獲得を狙っている。

中部地方のケアマネジャーは言う。

「新規にオープンした老人ホームのパンフレットが次々に送られてきて、内覧会へのお誘いもしょっちゅうです。ある事業者から『入居者一人の紹介につき一〇万円を差し上げます』と謳う広告が届いたこともあります。いったいこの費用はどこから出ているのか。

たしかに独居や夫婦のみの高齢者世帯が増えているので、在宅で支援していても家庭の事情などで老人ホームを紹介せざるを得ないことはあります。ただ、あまりに老人ホームの営業攻勢がすごくて……。仲間内ではケアマネジャーのなかには内緒で手数料をもらっている人もいるのではないかと囁《ささや》かれています。まるで〝人身売買〟です」

ケアマネジャーが介護事業所に利用者を紹介する見返りに手数料を受け取ることは介護

保険法で禁止されており、行政処分の対象になり得る。だが、サービス付き高齢者向け住宅や有料老人ホームを運営する事業者側と金品のやりとりを禁止する規定はなく、現行法では規制できない。

訪問介護事業所の管理者で、ホームヘルパーとして現場にも出ている女性は、ケアマネジャーによって要介護者の人生が左右されることもあると話す。

「介護サービスの提供方法などを工夫すれば在宅でまだまだ生活を続けられるのに、安易に老人ホームへの入居を勧めるケアマネジャーもいます。誰を選ぶかで、受けられる介護の質も違ってくる。ケアマネジャーは途中で変えられますが、現実には『世話になっているから』と遠慮する場合が多い。入り口（最初）の選択を誤ると、ヘタな老人ホームを紹介されて悲惨な目に遭うことだってあります。ケアマネジャー選びは大切にすべきです」

囲い込みの魔の手は、誰にでも迫り来る可能性があるということなのだ。

旨みのある「限度額ビジネス」

K社のように入居者を介護漬けにし、利用限度額めいっぱいの介護報酬を稼ぐことを「限度額ビジネス」と呼ぶが、この手法はサービス付き高齢者向け住宅だけでなく、同じく自宅扱いとされる「住宅型有料老人ホーム」でも横行している。入居案内パンフレットに、利用限度額を「かかる介護費用」として堂々と明記しているところもあるくらいだ。

一般的に住宅型有料老人ホームは月一五万～二〇万円程度かかるうえ、高額な一時金がいる場合もある。ところが昨今は、「一時金不要」で、月額一〇万円前後のものも珍しくなくなってきた。そのなかには限度額ビジネスによって入居費を安く抑え、入居者獲得で優位に立とうとするところも少なくない。

なかには月六万～八万円の破格値を打ち出す老人ホームさえあるが、それでも経営を続けていけるのは、限度額ビジネスの方が、介護・看護職員が常駐する特別養護老人ホームよりも高い収入を得られるからである。

例えば、中度の「要介護3」でみると、特別養護老人ホームの介護報酬が月約二二万円（従来型個室、家賃や食費は別途）であるのに対し、限度額ビジネスでは月約二七万円と約五万円も多い（二〇一四年）。

ちなみに特別養護老人ホームの収支差率は八・七％（二〇一四年、介護事業経営実態調査結果）と、一般企業の収支差率である二～三％の水準よりもかなり高い。それよりも多い収入が見込める限度額ビジネスであれば、たとえ入居費を安くしたとしても、十分にやっていけるわけだ。

群馬県にある訪問介護事業所の管理者は、限度額ビジネスを行う住宅型有料老人ホームの経営者から「うちの入居者を回してやるから、その代わりに介護報酬の二割を払ってもらいたい」と言われたことがあるという。

「日中は入居者をホームが経営するデイサービスに通わせていますが、夜間には人手がないので当社に依頼してきたのです。都合の悪いところだけ外部に丸投げして、さらに手数料まで請求しようというのですから身勝手もいいところです」

囲い込みの落とし穴

要介護者や家族にとっては入居費が安くなるのは助かるかもしれない。だが、囲い込みは不正の温床になりやすいので注意がいる。サービス付き高齢者向け住宅と介護事業所の運営先が同じだと外部からの目が届きにくく、特に認知症などで判断力が低下した入居者の場合は、手抜きや不正が行われていても発覚しにくいからだ。

実際、神奈川県が二〇一一年度、老人ホームに併設された介護事業所を重点的に調べたところ、不適切なケアや報酬請求が次々に出てきたという。

介護保険課の担当者は、その状況をこう説明する。

「過剰なサービスや、併設の介護事業所しか利用させないなどの偏ったサービスが散見されました。サービスを提供したという記録がないなど、書類管理も杜撰《ずさん》でした」

なかには入手がないときに居室の外から鍵をかけ、認知症の入居者が出られないよう身体拘束していた事例もあった。

サービス付き高齢者向け住宅が制度化された二〇一一年度は全国でも不正請求が横行し、指定の取り消しや効力停止処分（指定効力の一部または全部停止）を受けた介護事業所（施設を含む）が一六六ヵ所にのぼり、過去最多となった。サービス別では訪問介護が四八ヵ所ともっとも多く、デイサービスが三〇ヵ所、居宅介護支援（ケアプラン作成）が一六ヵ所と続いた。

取り消し処分の理由でもっとも多かったのは不正請求によるもので、サービスを提供していないのに提供したかのように装う「架空請求」が代表的な手口である。水増し請求する例も少なくない。厚生労働省・介護保険指導室の担当者は、「サービス付き高齢者向け住宅の独自サービスとして提供するものと、併設の訪問介護事業所から介護保険のサービスとして提供されるものの区別がないだけでなく、虚偽のサービス提供記録などによって不正に報酬請求する例も目立った」と話す。

介護サービスの費用は、一割または二割を利用者が自己負担し、残りは国民からの税金と介護保険料で賄われている。それゆえ介護保険制度下でビジネスをする者にとっては、コンプライアンス（法令順守）は基本中の基本である。

介護サービスには種類ごとに人員、設備、運営の基準が法令で定められ、事業者はこれを満たしたうえで都道府県等の指定を受けなければならない。さらに介護報酬の請求にあたっても、算定ルールが細かく決められている。もし不正に報酬を請求したり、法令に違反したりした場合は、都道府県等からの改善指導を受け、報酬の返還も求められる。悪質な場合は指定の取り消しなどのペナルティもある。

だが、それでも不正請求はなくならず、二〇一三年には群馬県内にあるサービス付き高齢者向け住宅併設の訪問介護事業所で、一人のヘルパーが同時に複数の入居者にサービスを提供していた記録が見つかったほか、出勤していないヘルパーによる報酬請求などが発覚したこともある。

関西にある老人ホーム紹介センターの担当者は、サービス付き高齢者向け住宅ゆえの落とし穴にも注意が必要だと指摘する。

「人員体制が整っていないのに、報酬欲しさに重度の要介護者ばかり集めているところもあります。『要介護3以上の人を紹介してほしい』と露骨に言われることもあるくらいです。介護のノウハウがないために認知症による徘徊などの行動障害に対応できず、他の入居者が生活しづらくなる例も少なくありません」

サービス付き高齢者向け住宅は日中のみ介護の有資格者を置くよう規定されているが、

夜間は基準がない。そもそも介護施設ではないので、運営は事業者任せとなっている。そのため重度の要介護者が多く入居していても夜間に職員がいないところさえある。必ずしも入居者の数や心身の状態に見合う職員が揃っているわけではないのだ。

サービス付き高齢者向け住宅から仕事を引き受けることの多い、北関東にある訪問介護事業所の管理者は、危機感を募らせている。

「併設のデイサービスが稼働している時間帯はそこで介護が受けられるのでまだいいのですが、デイが休みの日になると入居者が部屋で一人きりにされている場合が少なくありません。食事時でも見守る職員がいないところもあり、いつ事故が起きてもおかしくない状況です」

サービス付き高齢者向け住宅の多くが要介護者を受け入れているにもかかわらず、こんな状況では心許《もと》ない限りである。

入居者を〝軟禁〟するサ高住

「とんでもないところに来てしまった」

一人暮らしだった浩さん（七八歳、仮名）は数年前、体調をくずしたのを機に茨城県内のI社が運営するサービス付き高齢者向け住宅に入居した。

全国の登録情報が閲覧できる「サービス付き高齢者向け住宅情報提供システム」(http://www.satsuki-jutaku.jp/)を見ると、ここは定員が一〇〇人と比較的規模が大きく、一階にはデイサービスが併設されている。入居時の敷金は不要で、月額料金は九万円(食費込み)と安いが、やはり囲い込みによる介護漬けが行われていた。

「毎日、部屋からデイサービスのある一階に移動するだけの生活でつまらない。外出も禁止されている。風邪をひいたときなんか、『寝ていれば治るから』と言われるだけで、何もしてもらえなかったんだ。職員には、『死ぬまでここから出られないよ』と言われた。もう耐えられないよ……」

久しぶりに面会に訪れた親族に外に連れ出してもらった浩さんは、「何とかここから出してもらえないか」と、涙交じりに筆者に助けを求めてきた。思うように動かない足をなじるかのように杖ではたきながら、「これ(足)が言うことをきかないからどうしようもない」と力なくつぶやいた。

浩さんによれば、このサービス付き高齢者向け住宅では携帯電話の持ち込みが禁止されており、公衆電話もない。職員がいる事務室の電話を借りることはできるものの、話の内容が筒抜けになってしまうので親族と内緒話もできない。たまらなくなって逃げ出そうとまで考えたらしいが、所持金がないため諦めたという。

「最初はキレイな建物だと思っていたのですが、まさかこんな目に遭うなんて……。なかなか面会に行けないので生活雑貨や飲み物などを送っていたのですが、本人に手渡されないものもあったようです」

親族は戸惑う様子を見せる。

驚いたことに本人宛ての荷物は、職員に中身を調べられたうえで渡されるのだという。まるで「刑務所」と同じではないか。

筆者は実態を確かめるべく、I社が運営するサービス付き高齢者向け住宅のひとつに見学と称して出かけることにした。調べてみると、同社は北関東を中心に二〇棟以上のサービス付き高齢者向け住宅を運営しており、建設会社を母体とする中堅事業者だった。

玄関ではスーツ姿の担当者が丁重に出迎えてくれ、最初にリビングを兼ねた食堂に通された。ちょうど昼食の時間だったが、会話もなく、皆、もくもくと食べている。職員は入居者と同じテーブルで食事をとっているが、話しかける様子さえない。

「日中はここでテレビを観て過ごすこともできます。一階にはデイサービスがありますので、午前か午後のいずれかに利用してもらいます。入浴もデイにある浴室で週二回入れますよ。時間などの詳細は、当社のケアマネジャーと相談してください」

担当者はこう言うと、パンフレットを差し出した。

まさしく〝囲い込み〟そのものだった。併設サービスの利用が前提で、選択の余地はなかった。しかも、選べるはずのケアマネジャーも指定され、入浴の回数まで勝手に決められていた。

次に案内された居室は、思っていたよりも広い印象だ。サービス付き高齢者向け住宅の平均的な広さは一八平方メートル程度だが、二一平方メートル以上あり、トイレのほかにミニキッチンも付いていた。

だが、驚いたのはその後だ。

「家具は好きなものを入れてもらって構いませんが、冷蔵庫とポットは遠慮してもらっています。飲食物の持ち込みはできないので、咽《のど》が渇いたときは食堂に置いてあるポットでいつでもお茶が飲めますよ」

携帯電話だけでなく、金銭の持ち込みもできないという。外出も家族が連れ出すぶんには自由だが、一人での外出は禁止されていた。

これでは入居者を〝幽閉〟しているに等しい。

内心呆《あき》れかえりながらも、担当者に携帯電話を持ち込めない理由を聞いてみた。

「警察に電話をかけたり、通販で買い物してトラブルになったりするのを避けるためです」

つまり、面倒な対応をしたくないのである。

飲食物の持ち込みを禁止しているのも、恐らく同じ理由だろう。

驚いたのはそれだけではなかった。サービス付き高齢者向け住宅では礼金など使途の不明朗な一時金を徴収してはいけないことになっているが、二〇万円の入会金（退去時に返金なし）まで求められたからだ。しかもパンフレットにもしっかり明記されている。

さらに、事業者の都合による一方的な契約解除は禁じられているにもかかわらず、「入院が二ヵ月以上に及んだら、いったん退去してもらいます」と言われる始末である。

一般の見学者はこうした行為がサービス付き高齢者向け住宅の登録違反にあたるとは知らないので、「そんなものか」と思って受け入れてしまうに違いない。それを承知でやっているのだとしたら、きわめて悪質だと言わざるを得ない。

筆者は浩さんに取材した後にふたたび連絡をとろうとサービス付き高齢者向け住宅に何度か連絡したが、職員から「どういう関係なのか」としつこく聞かれた挙げ句、電話を取り次いでもらえないどころか、ときには「そんな人はいません」と嘘までつかれた。親族以外の者とは連絡をとらせないようにしているとしか思えなかった。

とにかく、こんな運営が許されていいはずはなかった。

行政の甘いチェック体制

サービス付き高齢者向け住宅の運営者には、部屋の広さなどのハード面を整備するだけでなく、入居者との契約内容にも一定の規制がかけられている。

例えば、入居者に支払いを求めることができる費用は、「敷金」と「家賃」「サービス費」のみに限定され、礼金や権利金など使途の不明朗な料金はとってはいけないことになっている。

家賃とサービス費については前払い金を徴収することも可能だが、保全措置を講じるとともに、入居後三ヵ月以内の契約解除や死亡時には実費を除いたものを入居者に返還しなければならない。また、入居者の同意なく居室を変更したり、契約解除したりすることも制限されている。

これらは有料老人ホームで相次いだトラブルを受けて導入された規制で、入居者保護を目的とするものである。もし違反した場合には、都道府県等による立ち入り検査や改善命令を受けるだけでなく、悪質な場合はサービス付き高齢者向け住宅の登録を抹消される。

I社は登録違反に該当する行為を繰り返しており、少なくとも行政指導の対象になるはずだ。筆者はI社のサービス付き高齢者向け住宅が数多く所在する茨城県に取材し、どう対応するつもりなのか尋ねることにした。

サービス付き高齢者向け住宅に対する指導は、一般的に二つの部局に分かれていることが多い。建物や設備など登録基準に関することは住宅部局が所管するが、食事や介護など有料老人ホーム並みのサービスを提供している場合には介護部局も関わる。

ところが茨城県は、いずれも事態をまったく把握していなかった。それどころか、携帯電話の持ち込みが禁止されている点について、「他の施設でも同様の事例がある。あくまでも事業者の決めた運営方針なので、それへの指導は難しい」（長寿福祉課）として当初は取り合おうとさえしなかったのである。

これに対し特別養護老人ホームを運営する「社会福祉法人健光園」（京都市）の理事長で、「マイケアプラン研究会」（同）の代表世話人でもある小國英夫氏は次のとおり指摘する。

「入居者の通信や移動の自由を制限するのは、人権侵害や心理的な虐待にあたる恐れがある。絶対にやってはならないことです。国は要介護になっても住み慣れた場所で暮らせる『地域包括ケア』を政策に掲げ、そのなかでサービス付き高齢者向け住宅を自宅に代わる受け皿として期待していますが、そこでこんなことが行われているのだとしたら非常に問題です」

介護が必要な高齢者は一人で外出するのもままならないだけでなく、連絡手段がなければ事業者から酷《ひど》い目に遭っていても助けを求めることも、自治体に苦情を申し立てることもできない。行政が指導すべき事項なのは明らかだろう。

小國氏によれば、特別養護老人ホームでもかつては通信手段がない時代があったという。だが、人権への配慮を求める気運が高まり、施設内に公衆電話を置くのが一般的になっていった。いまの時代であれば公衆電話の代わりに携帯電話やスマートフォンを持ち込めるようにするのは当然だ。

筆者は茨城県の担当者にこうした内容を主張して強く抗議したところ、「状況を把握したうえで必要な指導を検討したい」とひとまず前言は撤回されたものの、実際に指導するかどうかは持ち越しとなった。

一方、入会金の不正な徴収や不適切な囲い込み、外出制限などについては、県は早速事業者の幹部を庁舎に呼び出して事実を認めさせるとともに、中止するよう指導した。同社のホームページには入会金が必要である旨が記載されていたが、それもすぐに削除させた。

取材を進めると、埼玉県が過去にI社のサービス付き高齢者向け住宅で入会金を不正に徴収しているのを突き止め、指導していた経緯のあることが判明した。同県は二〇一三年度から独自にサービス付き高齢者向け住宅への定期調査を開始しているが、登録内容と乖離がないかをチェックする過程で発覚したという。

ところが、「任意に徴収している」というI社の言い分を鵜呑みにして、入居者全員から一律にとっていることを摑んでいなかった。I社はそれをいいことに、懲りもせず違反を続けていたのである。「どうせバレやしない」とでも思っていたのだろう。

筆者はI社の幹部に事実を確認するため取材したが、当初は「入会金は任意にとっているもので、入居の前提ではない」と否定した。

だが、ホームページやパンフレットに掲載されていた事実を突き付けると、「担当者が趣旨を理解していなかった」と弁解し、職員に罪をなすりつけようとした。

そこで筆者がI社のサービス付き高齢者向け住宅への見学で入会金を求められたことを伝えると、幹部は途端に顔色を変え、「すみませんでした。今後は改めます」と態度を豹変させた。

だが、口先だけで、真に反省している様子は見受けられなかった。恐らく、ほとぼりが冷めた頃に同じことを繰り返すのではないか。そう思わざるを得なかった。

生活保護受給者を囲い込むサ高住の事情

サービス付き高齢者向け住宅には登録にあたってさまざまな要件が規定されているが、

それらが実態を伴っているかをチェックする体制は道半ばである。

厚生労働省の調べ（二〇一三年）によれば、サービス付き高齢者向け住宅への立ち入り検査の実施、または事業者からの定期的な運営報告を求める自治体はおよそ半数に過ぎない。茨城県にいたっては、定期調査を二〇一四年度半ばから始めたばかりだった。

最近は囲い込みによる入居者と事業者のトラブルが増えており、「退去したいのに『契約解消できない』と言われた」「外に出してもらえない」といった苦情が全国の自治体に寄せられている。事業者に知られないよう、こっそり電話をかけてくる例も少なくないという。

不適切な運営の疑いがあればいち早く自治体が調査に出向くのはもちろんのこと、日ごろから定期的に実態をチェックする体制も構築するべきだ。さもなければ前述の浩さんのように悲惨な状態に置かれている入居者が救われない。

そもそもI社のサービス付き高齢者向け住宅については、もっと早くに自治体が指導できる機会はあった。

関係者の情報によると、同社のサービス付き高齢者向け住宅には、茨城県内をはじめ、江東区や荒川区、渋谷区など東京都内および近郊の福祉事務所を通じて多数の生活保護受給者が送り込まれ、同社の入居者全体の七割程度を占めるという。

なかでも墨田区は、都外施設に入所する介護や支援が必要な生活保護受給者三二四人のうちの約半数を同社のサービス付き高齢者向け住宅などに頼っている（二〇一四年四月現在）。それなのに墨田区も何ら実態を把握していなかったことが取材で判明した。

「区では年二回を目標にケースワーカーが現地に出向いて本人と面接することになっていますが、残念ながら現状では年一回しかできていません。携帯電話の持ち込みや外出の制限までは気づいていなかった」

生活保護課の担当者は弁解した。

墨田区といえば、二〇〇九年に一〇人の入居者が火災で亡くなった無届け施設「静養ホームたまゆら」（群馬県渋川市、解散）に多くの生活保護受給者を紹介していたとして社会問題にもなったが、「その後も受け皿の状況は改善されていない」と担当者はこぼした。

「本来は都内で受け皿を確保すべきですが、公的な特別養護老人ホームは待機者が多くてすぐに入れない。保護費から出る住宅扶助（家賃補助）は都内二三区などでは月五万三七〇〇円（単身世帯）が基準ですが、このなかから本人の小遣いも捻出しようとすると、どうしても料金の安い茨城県や群馬県など関東周辺にある民間の老人ホームに頼らざるを得ないのが現状です」

東京都の調べによると、都内の自治体から生活保護を受けながら都外で暮らす高齢者は約二五〇〇人にのぼるが、その九割以上が東京二三区からの移住者である（二〇一二年一一月現在）。行き先でもっとも多いのは茨城県、次に群馬県と続く。

昨今はサービス付き高齢者向け住宅を受け皿として頼る例も増えており、入居者の約二五％を生活保護受給者が占めるほどである（二〇一三年、全国有料老人ホーム協会調べ）。

I社の月額料金は都内の老人ホームの半分程度の費用で済むため、保護費を拠出する区としては助かるわけだ。逆にI社にとっても、生活保護受給者には入居費や介護費などが全額保護費で賄われるのでとりっぱぐれがない。両者のこうした〝持ちつ持たれつの関係〟が、不適切な対応を招いてしまった可能性は大きかった。

「たしかに本人が持ち込みを希望する場合でも携帯電話を禁止するのはおかしいと考えます。外出も心身の状態など個別に事情を勘案することは必要かもしれませんが、一人で外出できる人まで一律に制限するのは不適切なので、改善を申し入れます」

墨田区生活保護課は筆者の追及を受けて、ようやく対策に乗り出すことを決めた。

ちなみにI社は入居者の保護費を契約によって管理しているが、本人が身の回り品を購入するために出金を頼んでも拒否していたばかりか、入出金の状況も開示していなかったことが同区の調べで判明した。

「保護費が支給されると後先考えずに一度に全額を使ってしまう人もいるので、自己管理の難しい人には、施設側と金銭管理契約を締結したうえで管理してもらっている。今後は、定期的に本人に出納状況を報告するよう促します」

その後、墨田区はI社の幹部を呼び出して改善を申し入れるとともに、ケースワーカーが入居者との面会時の様子を書き込む調査票のフォーム（様式）を見直し、外出・通信などの行動制限や人権侵害がないかチェックできる項目を新たに設けた。金銭管理についても、出納簿などの確認を行うよう改めたという。

一方でサービス付き高齢者向け住宅の指導権限は所在地の都道府県等にあるため、茨城県や埼玉県などに改善指導を要請した。

ところが、その後も茨城県だけは現地に出向いていないばかりか、携帯電話の持ち込み禁止についても何ら指導していないことが取材で明らかになった。事態発覚からすでに三ヵ月が経過していたのに、である。

「携帯電話の持ち込み禁止については個別の事案だと勘違いしていた。早急に指導します」

茨城県の担当者は苦し紛れに言い訳したが、このような行政の態度がI社のやりたい放題を助長させてきた責任を痛感すべきだろう。

ちなみに浩さんはその後、親族の協力もあったことから何とかI社のサービス付き高齢者向け住宅から〝脱出〟でき、いまは別の老人ホームで暮らしている。

「当時は窓から飛び降りようかと何度も考えた。もうあんなところは懲り懲りだ。でも、一度くらい見学しただけじゃ本当のところはわからないね」

まさしく、その通りだろう。

囲い込みへのペナルティは効果なし？

囲い込みは入居者に不利益をもたらす面があるだけでなく、介護保険財政も悪化させかねない。過剰もしくは不正に介護保険が使われているのだとすれば、そのツケはやがて私たち国民が払う税金や介護保険料に跳ね返ってくるからである。

厚生労働省が二〇一三年に大阪府内一七市町のサービス付き高齢者向け住宅の入居者について介護サービスの利用実態を調査したところ、利用限度額に対するサービスの利用率（＝サービスの利用実績／利用限度額）が在宅要介護者の平均値よりも上回っていることが明らかになった。

例えば、「要介護3」では全国平均の利用率が五六・三％に対して、サービス付き高齢者向け住宅の入居者は七九・三％と二三ポイントも高かった。要介護度が高くなるほど差は大きくなり、「要介護5」では全国平均の六二・八％よりも約二六ポイントも高い、八八・九％の利用率となっていた。

当然ながら一人あたりの介護給付費も高くなっており、例えば「要介護3」では全国平均よりも九万一九〇〇円増、「要介護5」で一二万八九〇〇円増だった。

介護保険制度は利用者の自己負担分を除く五割を税金で、五割を四〇歳以上の国民が払う介護保険料で賄われている。すでに六五歳以上高齢者の介護保険料の全国平均は月五五一四円（二〇一五～一七年度）と、制度開始当初の二九一一円からほぼ倍増しており、二〇二五年には月八〇〇〇円を超えることが見込まれている。年金から保険料が天引きされる高齢者にとっては、まさに死活問題である。

囲い込みによる介護漬けなどの問題はかなり前から業界内では指摘されており、国も対策の必要性を感じて、それなりに手を打ってきた。二〇〇六年度からケアマネジャーへの報酬（居宅介護支援費）に「特定事業所集中減算」を導入し、正当な理由がないにもかかわらず、特定の介護事業所に偏ったケアプランを作成した場合には、利用者一人あたり月二〇〇〇円減らす措置をとった。

さらに二〇一二年度からは、介護事業所にも「同一建物減算」という囲い込みへのペナルティを導入した。訪問介護などの介護事業所と同一建物の入居者に一定数以上サービスを提供する場合は、所定の報酬から一割減らすことにした。複数の戸建て住宅を訪問する場合と比べて、「移動などのコストがかからない」というのが理由だった。

ところが、こうした対策も思うように効果が上がらなかった。その理由について某自治体の介護保険担当者は、「ホームヘルパーをサービス付き高齢者向け住宅などに常駐させたまま、介護事業所だけを形式的に別の場所に移せば〝減算逃れ〟はできます。そのため改定以降、老人ホームに併設されていた介護事業所の住所変更が相次いだ」と説明する。

実際、訪問介護事業所で「同一建物減算」の対象となるのは、全体のわずか一・七％に過ぎない（二〇一四年五月審査分、厚生労働省調べ）。

これに対し介護給付費の増大を懸念する自治体から、「サービス付き高齢者向け住宅と同一の法人が運営する介護事業所の利用を入居者に強要している」「入居契約時に利用限度額ぎりぎりの介護サービスの利用を条件にしている事例がある」などの指摘が相次いで厚生労働省に寄せられた。

さらに、前述したようなサービス付き高齢者向け住宅での囲い込みの弊害を、筆者が月刊誌「文藝春秋」（二〇一四年八月号）で追及したことなども後押しし、厚生労働省も囲い込みの実態調査に乗り出さざるを得なくなった。

その結果、サービス付き高齢者向け住宅で介護サービスを利用する入居者が系列（併設・隣接を含む）のデイサービスを利用する割合は約三七％、訪問介護は五割を超えることがわかった（二〇一四年度、同省調べ）。

これらを受けて厚生労働省はさらなる対策を検討せざるを得なくなり、二〇一五年度の介護報酬改定では囲い込みに対するペナルティへのさらなる強化策を打ち出した。

まず、ケアマネジャーへの減算について、「九〇％以上」という特定の介護事業所への集中度合いを、「八〇％以上」に引き下げた。従来は訪問介護、通所介護、福祉用具レンタルのみが対象だったが、全サービスに広げた。

訪問介護など介護事業所の同一建物減算についても、利用者の人数要件を撤廃するとともに、事業所が隣接している場合も減算の適用とした。

さらに介護事業所と離れていても、同一建物で二〇人以上にサービスを提供する場合も報酬を一割減らす措置をとった。

しかしながら、これらも大して効果があがるとは考えにくい。なぜなら囲い込みで利用限度額を入居者にめいっぱい使わせる「限度額ビジネス」では、たとえ一回あたりの報酬が減らされたとしても、その分、サービスの提供回数を増やせばいいからである。

囲い込みを促す老人ホーム体系

そもそも不適切な囲い込みが増えたのは、老人ホームに対する国の誤った政策が招いた結果だと筆者は考えている。

【図表2】介護保険サービスの利用方法

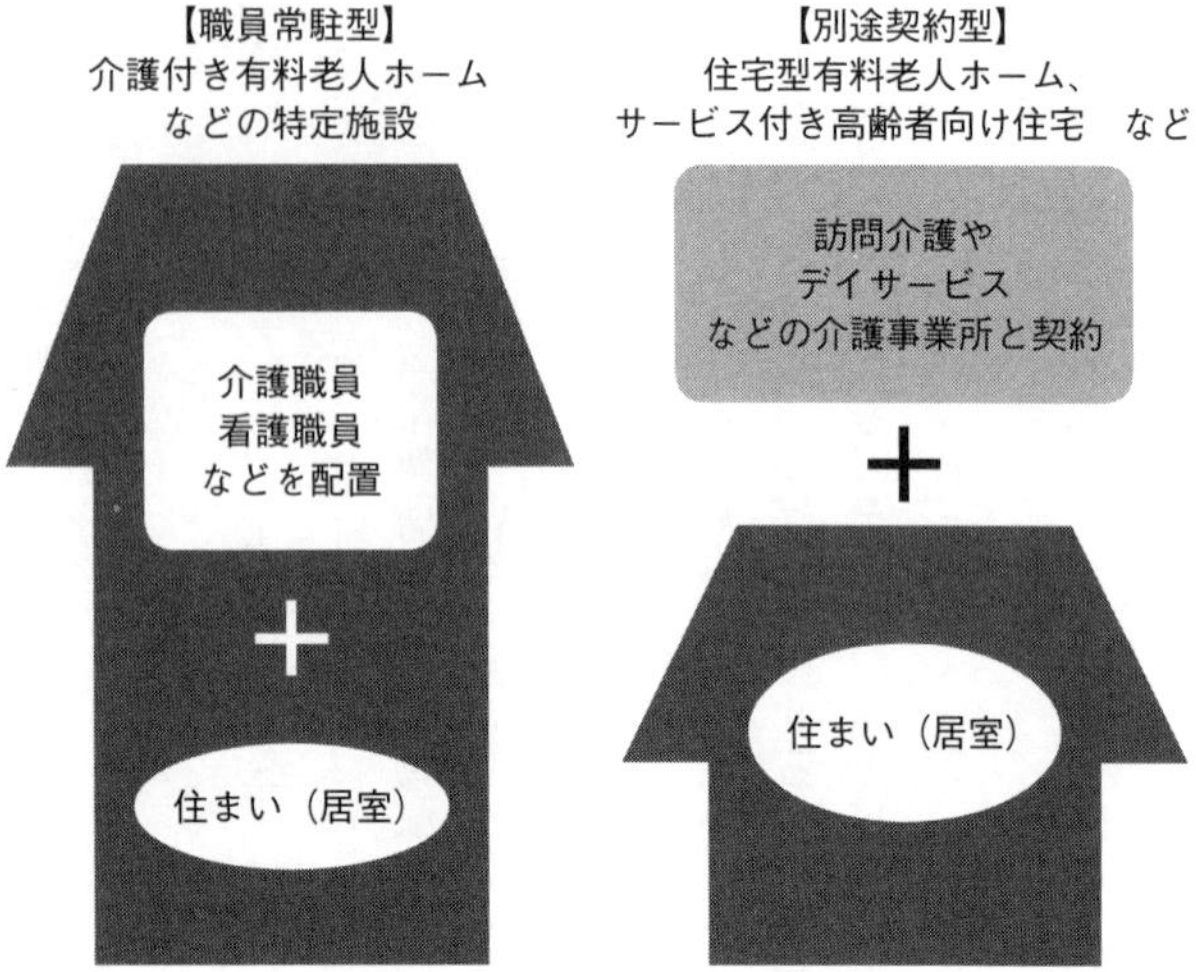

それを述べる前に、まずは要介護者向けの老人ホーム体系を整理しておいた方がいいだろう。とかく「種類が多くてわかりにくい」といわれる老人ホームだが、このポイントを押さえれば理解は進みやすくなると思う。

介護保険のサービスは日本中どこにいても要介護認定さえ受ければ利用できるが、老人ホームではその利用方法が大きく二つに分かれる（**図表2**）。

一つは、介護・看護職員が常駐しているタイプ（職員常駐型）。入居者三人に対し、介護・看護職員を常勤換算で一人以上置き（三対一基準）、二四時間体制で介護サービスを提供するよう法律等で決められているホームを指す。住まい（居

【図表3】介護施設・老人ホームの介護費用（2015〜17年度／月額）

	職員常駐型					別途契約型
	特別養護老人ホーム（特養）		介護老人保健施設（老健）		介護付き有料老人ホーム（特定施設）	サービス付き高齢者向け住宅、住宅型有料老人ホームなど
	ユニット型個室	多床室	多床室（在宅強化型）	多床室（一般型）		
要支援1	—	—	—	—	53,700円	50,030円
要支援2	—	—	—	—	92,400円	104,730円
要介護1	187,500円	164,100円	243,600円	230,400円	159,900円	166,920円
要介護2	207,300円	184,200円	265,800円	244,800円	179,100円	196,160円
要介護3	228,600円	204,600円	284,400円	263,100円	199,800円	269,310円
要介護4	248,400円	224,700円	301,200円	278,400円	219,000円	308,060円
要介護5	268,200円	244,200円	317,700円	294,300円	239,400円	360,650円

注1. 介護費用は基本報酬を1ヵ月30日で計算したもので、入居者の自己負担はこの1割または2割／注2. 上記のほかに各種加算がかかる場合があるほか、居室代や食費もかかる／注3. 特別養護老人ホームは原則「要介護3」以上が入居対象となる／注4. 介護老人保健施設の「在宅強化型」は、「一般型」よりもリハビリテーション専門職を多く配置して、在宅復帰をより促す支援をする施設／注5. 別途契約型の介護費用は利用限度額をめいっぱい利用した場合

室）と介護・看護サービスの提供が一体となっているのが特徴で、「特別養護老人ホーム（特養）」や「介護老人保健施設（老健）」などの介護施設や、民間企業が主に運営する「介護付き有料老人ホーム（特定施設）」もこれにあたる。

職員常駐型では、要介護度に応じて介護費用は一律に決められており、施設類型によっても費用に違いがある**（図表3）**。

もう一つは、住まい（居室）の契約とは別に、入居者が訪問介護やデイサービスなどの介護事業所と別途契約を交わして介護サービスを利用するタイプである（別途契約型）。職員常駐型のように法律で規定された介護・看護職員の配置はないが、必要なサービスを組み合わせて利用できるのが

特徴だ。

最寄りの地域包括支援センターか居宅介護支援事業所のケアマネジャーに希望を伝えてケアプランを作成してもらい、それに基づいて個々の介護サービスを利用する。いわば自宅で介護サービスを利用するときと同じ要領である。すでに述べたとおり、介護サービスには利用限度額が決められており、使った分だけ費用を支払う仕組みとなっている。

このタイプに該当するのがサービス付き高齢者向け住宅や住宅型有料老人ホームなどであり、まさに囲い込みの舞台となっているのがここだ。介護・看護事業所を併設、もしくは系列事業所からホームヘルパーや看護師を派遣することで、職員常駐型のような運営をしているのである。

そのため一見すると介護・看護職員が常駐しているかのように勘違いされやすいが、一人のヘルパーらが保険内と保険外のサービスを組み合わせて提供しているだけのこと。ただ、職員常駐型のように「三対一」などの人員基準がないので、どれだけの介護・看護職員を配置するかは事業者の裁量に任されているというわけだ。

特養だけに頼れない国の事情

老人ホームのなかでも人気があるのは、やはり特別養護老人ホーム（特養）だろう。全国には約五二万人もの要介護者が列をなして入所できる日を「いまかいまか」と待っている。

これほど人気が高いのは、その費用の安さにある。入居時の一時金がいらず、月額一〇万円前後（四人部屋、一般所得者）で利用できるからだ。所得の低い住民税非課税世帯であれば、さらに安くなる。しかも在宅復帰の支援を基本とする介護老人保健施設（老健）とは違って、終身利用もできる。家族にしてみれば、安いうえに、途中で他の老人ホームを探す手間も省けるので助かるわけだ。

この特別養護老人ホームを運営するのは、公共性の高い社会福祉法人がほとんどで、それゆえ公的な役割も担っている。いまでこそ特別養護老人ホームは要介護者（二〇一五年度からは原則「要介護3」以上）であれば誰でも申し込めるが、介護保険前は自治体の措置によって入所する施設だった。所得の低い人や特別な事情で家族の介護が期待できない人向けだった。

それが二〇〇〇年度から介護保険制度が始まると、「要介護1」以上であれば誰でも希望する施設に入所が可能となったことから、申込者が殺到し、空きが出るのを待つ人が一挙に増えた。ところが、あまりに待機者が膨れ上がったことから、国は二〇〇二年から「優先入所」の仕組みを導入し、切迫度の高い要介護者から先に入所できるように変更。

自治体ごとに「優先入所基準（指針）」を定め、要介護度の重さや認知症の程度、家族の介護力などを勘案して、施設が入所の順番を決めることとなった。

ただ、それでも申し込みは減るどころか増える一方なのは、すでにご承知のとおりである。要介護者はこの先も増え続け、団塊世代の高齢化による「大介護時代」も間もなく到来する。そのため特別養護老人ホームの増設を求める声は高まるばかりだ。

だが、特別養護老人ホームの整備には多額の公費がかかる。例えば、二〇〇四年度までは国が整備費の二分の一を負担していた。定員一〇〇人規模の特別養護老人ホームを一ヵ所整備するのに、土地代を除いて約一〇億円はかかるといわれている。財政的な制約もあって、ニーズがあるからといって増やし続けるわけにはいかなかった。

そこで二〇〇五年一〇月から、それまで介護費用に含まれていた特別養護老人ホームの居住費（部屋代）と食費を自己負担化するとともに、同年一二月からサービス付き高齢者向け住宅の前身となる「高齢者専用賃貸住宅（高専賃）」という新たな老人ホーム類型をつくった。民間事業者に自前で建物を建ててもらえば財政負担を減らせるからだ。

高齢者専用賃貸住宅は、概《おおむ》ね六〇歳以上のシニアのみを入居対象とした賃貸住宅で、貸し主が住宅の設備や費用、付帯サービスの内容などを都道府県等に登録すると、その情報が自治体の窓口や専用のホームページで公表される仕組みである。もともとは高齢になると火災や孤独死などを懸念されて賃貸住宅を借りにくくなることへの対策として、国土交通省が「高齢者の居住の安定確保に関する法律（高齢者住まい法）」により創設したものだった。民間による建設需要の高まりも期待した。

それに相乗りしたのが厚生労働省で、要介護者の受け皿にすることで特別養護老人ホームの待機者解消を狙ったのだ。箱モノは民間主導で整備ができるうえ、家賃は入居者に全額負担してもらえる。特別養護老人ホームには所得の低い住民税非課税世帯を対象に居住費（部屋代）を軽減する「補足給付」という仕組みがあるが、高齢者専用賃貸住宅は自宅と同扱いなので対象外にできる。

さらに、介護・看護職員が常駐する特別養護老人ホームは定額報酬（要介護度ごとに一律の報酬）で介護給付費もかさみがちだが、高齢者専用賃貸住宅での介護は「外付け」が基本である。入居者が必要な分だけサービスを利用するので（別途契約型）、「介護給付費を抑え込むことができる」と考えた。

総量規制が足かせに

ところが、ちょうど時期を同じくして介護付き有料老人ホームなどの「総量規制」が始まったことから、老人ホームを取り巻く環境が激変した。

いまの有料老人ホームは、所得の低い人向けから富裕層向けまで幅広いジャンルに対応できるようになっているが、介護保険が始まる前は所得の高い人向けが主流だった。介護サービスの費用も入居者が全額負担しなければならなかった。

それが二〇〇〇年度から介護保険制度が始まると、法定の介護・看護職員を二四時間常駐させて介護サービスを提供する体制をとれば、「特定施設入居者生活介護（介護付き有料老人ホームなど）」（以下、「特定施設」）という報酬区分で保険から賄われるようになり、入居者はその一割（二〇一五年八月からは一割または二割）を負担するだけでよくなった。

家賃や管理費などはホームの立地や設備などによって違うが、介護費用は保険から賄われるので事業者にとっても安定した収入が確保できる道が開いたわけだ。そのため特定施設を算定できる介護付き有料老人ホームに参入する事業者が急速に増加し、特別養護老人ホーム待機者などの受け皿として市場が拡大していった。

そうした状況に〝待った〟をかけたのが、二〇〇六年度からの総量規制である。

それまでも介護給付費を抑え込むために特別養護老人ホームなどの介護施設に対する数量規制はあったが、新たに介護付き有料老人ホームなども対象に加え、国はそれらの利用者数を二〇一四年度までに「要介護２」以上の要介護認定者数の三七％以下に抑えるとした参酌標準（指針）を定めた。

都道府県や市町村はこの参酌標準を参考に介護保険事業計画を定め、それを上回る場合は事業者から老人ホームの開設（指定）申請があっても拒めるようにしたのである。

一方で、国と地方の財政システムを見直す三位一体改革によって、同年度から都道府県が負担する介護施設や介護付き有料老人ホームなどの介護給付費の負担割合（税負担）を、従来の一二・五％から一七・五％へと五％も引き上げた。

介護保険事業計画は都道府県や市町村が向こう三年間の介護給付見込み額を設定するためのもので、これに基づいて介護保険料が決められる。要介護者の伸びや介護サービスの供給量などを踏まえて作成されるが、そのなかでも介護保険が始まって以降、急増していた介護付き有料老人ホームに対しては「給付費の増大を招き、介護保険料が高騰する」として、整備計画を見送る自治体が相次いだ。

有料老人ホームの総数に占める介護付き有料老人ホーム（特定施設）の割合（指定率）は、二〇〇六年の約七九％から一貫して減り続け、二〇一一年には約四二％にまで減少した（厚生労働省調べ）。

都道府県にとっては税負担が増えることにもなるわけだから、増設を渋るのは自然な流れであった。いわば参酌標準が介護付き有料老人ホームの開設を抑える規制となったわけだ。

その結果、民間事業者は、開設に規制のない高齢者専用賃貸住宅や住宅型有料老人ホームに続々と参入するようになり、介護事業所を併設するなどして要介護者を囲い込むところが増えていったのである。

二〇一四年七月現在で、介護付き有料老人ホーム数は三四九六ヵ所であるのに対して、住宅型有料老人ホーム数は六〇七一ヵ所と大きく上回っている（同省調べ）。

誤った老人ホーム政策のツケ

総量規制はその後、政府の行政刷新会議から「国が一律にサービス量を規制すべきではない」と指摘され、二〇一〇年一〇月に撤廃されたものの、いまでも介護付き有料老人ホームの開設規制を続ける自治体は多い。

一方、高齢者専用賃貸住宅にはサービス面で何ら規定がなかったので、「要介護者向け」を謳いながらも、認知症などで手に負えなくなると退去を迫ったり、虐待など不適切なケアが散見されたりするようになった。家族から苦情を言われても、「うちは部屋を貸しているだけだ」と開き直るところさえあった。

サービスに問題があっても自治体が関与できないなど課題が多かったことから、国も仕組みを抜本的に見直さざるを得なくなる。そこで二〇一一年四月に高齢者住まい法を改正し、従来の高齢者専用賃貸住宅に代わってサービス付き高齢者向け住宅を誕生させたのである。

部屋の広さや設備などのハード要件は高齢者専用賃貸住宅と変わらないが、建物のバリアフリー化を追加で規定するとともに、安否確認（緊急時対応）と生活相談のサービスを新たに義務づけて介護施設により近づけた。また、サービス内容や契約内容など運営面で問題がある場合は、自治体が立ち入り検査や改善命令ができる規定も導入した。

何より目玉だったのは、民間事業者への補助金だ。一戸あたり最大一〇〇万円の建設費を助成するとともに、税制上の優遇措置も取り入れた。当時は建設需要が伸び悩んでおり、国土交通省としては需要を喚起する狙いがあった。

サービス付き高齢者向け住宅の登録制度は二〇一一年一〇月からスタートしたが、この年の三月には東日本大震災が発生した、まさに国の非常事態ともいえる時期だったにもかかわらず、当時の民主党政権は初年度から年三〇〇億円程度の国費投入を決断したのである。

この優遇策を民間事業者がだまって見ているわけはなかった。介護付き有料老人ホーム（特定施設）の総量規制が続くなか、老人ホームの新規開設を検討していた事業者にとっては、建設費補助も受けられるサービス付き高齢者向け住宅への参入は絶好のビジネスチャンスである。さりとて介護サービスが提供できる体制がなければ入居者を集められないので、訪問介護やデイサービスなどの介護事業所を併設して要介護者を囲い込むようになっていった。

ここで、55ページの**図表3**をもう一度ご覧いただきたい。別途契約型であるサービス付き高齢者向け住宅と、職員常駐型である介護付き有料老人ホーム（特定施設）の介護報酬を比較すると、「要支援2」以上では、サービス付き高齢者向け住宅で利用限度額めいっぱい介護サービスを使った方が事業者に入る報酬が多くなることがおわかりいただけるだろう。「要介護5」では、一〇万円以上も開きがある。

もともと利用限度額は在宅介護向けのもので、集団的な施設介護よりも移動などのコストがかかるとして高めに設定されている。サービス付き高齢者向け住宅は自宅扱いなので、実態は集団への介護であってもこれが適用される。

実はサービス付き高齢者向け住宅でも介護・看護職員を三対一以上配置する人員基準などを満たせば、特定施設入居者生活介護（特定施設）の指定が受けられるようにはなっている。だが、いかんせん自治体による開設規制が続いているので、認められないことが多い。結果、囲い込みばかりか、介護漬け（限度額ビジネス）まで招くことになってしまったのだ。皮肉にも、自治体が目先の税負担や介護給付費の増加を懸念して介護付き有料老人ホームを規制したために、かえって多額の介護給付費を事業者に食われる事態になっているのである。

囲い込みの問題はここ数年のサービス付き高齢者向け住宅の急増によって一気に表面化することになったわけだが、それは介護サービスの質にも影響を与えた。東京都内で介護福祉士などを養成する専門学校の教員は指摘する。

「介護業界は慢性的な人手不足が続いているにもかかわらず、あまりに急激にサービス付き高齢者向け住宅が増えたために、介護職はまともに教育を受けないまま即戦力として現場に出されます。管理職も育ちにくい。その結果、介護の質は著しく低下し、介護保険前の自治体の措置で介護が提供されていた時代に戻ったような気さえします。受け皿だけが増えて、教育が追い付いていないのが現状です」

サービス付き高齢者向け住宅という箱モノを大量につくることが優先されるあまり、要介護者にとって大事なサービスの中身が後回しにされてきたツケである。

高齢化の進展で介護ビジネスは右肩上がりの需要が見込めるため、補助金がなくても住宅型有料老人ホームへの新規参入は相変わらず続いている。果たしてサービス付き高齢者向け住宅に国が建設費補助を続ける必要があるのか甚だ疑問だ。自治体も介護付き有料老人ホームの量的規制が果たしてどこまで必要なのか、もう一度見直してみる必要がある。

第二章

〝二四時間・三六五日対応〟のウソ

――患者紹介ビジネスと在宅医療の問題点

来てほしいときに来てくれない「在宅医療」のワケ

「医師が来てくれなくなった」「救急車を呼ぶ回数が増えた」——。

全国各地の老人ホームで二〇一四年春、入居者を診ていた医師がいなくなる騒動が起きた。

きっかけは医療行為の公定価格である診療報酬が同年四月に改定され、老人ホームの入居者を対象とする在宅医療（訪問診療）の報酬が、最大で約四分の一にまで引き下げられたからだ。

「一般社団法人全国特定施設事業者協議会」（東京都港区）など老人ホームの事業者団体が同年六月に報酬改定後の動向を調査したところ、一七六四ヵ所のホームのうち八・八％で医療機関が変更となったほか、「診療時間が短くなった」「緊急の往診が減った」などの影響が出ていたことが明らかとなった。

在宅医療は外来での通院が難しい要介護者などを対象に、医師が患者宅に出向いて診療する形態である。昨今は患者の自宅だけでなく、有料老人ホームやサービス付き高齢者向け住宅などでも利用例が増えている。

高齢化の進展で社会保障費が増大するなか、厚生労働省は医療費のかさむ「入院医療」

を抑制しようと、手厚い報酬で在宅医療を誘導してきたことが背景にある。

ところが近年、この手厚い報酬を目当てに、医師が老人ホーム事業者に手数料を払って診療を請け負う事例が各地で相次いだだけでなく、患者を紹介する見返りに在宅医から手数料を搾取する「患者紹介ビジネス」の仲介業者まで登場した。

それらのなかには患者が不利益を被る事態まで起きたため、厚生労働省は報酬の見直しを余儀なくされ、冒頭の騒動につながったというわけだ。

それにしてもなぜ、最大で四分の一という大幅な報酬引き下げに踏み切らざるを得なかったのか。それによって医療や介護の現場はどうなったのかをみていくことにしよう。

紹介料は一人あたり月八〇〇〇円

筆者が、患者紹介ビジネスの仲介業者を名乗るZ社（神戸市）と接触したのは、二〇一二年春のことだった。

当時、関西や中部地方を中心に業務を展開していた同社は、ホームページなどで患者を探し出すための代理店を募集していた。筆者は知人の協力を得て、その事前面談に同席させてもらうことができた。

患者紹介ビジネスのカラクリを知る、またとない機会となった。

とある喫茶店での昼過ぎ。約束していた時間になると、スーツ姿の男性営業マンがさっそうと現れた。

年齢は三〇代半ばくらい。この手のビジネスにありがちなノリのいいタイプだ。手渡された名刺には、「在宅医療コンサルタント」という肩書が記されていた。

「在宅医療を利用したい患者を見つけてもらうのがお仕事になります」

営業マンは早速こう切り出すや、患者紹介ビジネスの仕組みが掲載されたパンフレットを私たちに差し出してきた。そこには「早期退院の推進」「在宅医療の需要」などといった国の医療・介護政策の動向と、もっともらしい関連データが並んでいた。

ひと通りの説明が済むと、いよいよ本題だ。

「お渡しできる紹介料は、患者一人あたり月八〇〇〇円です」

ただ、同社の代理店になるためには、加盟金として事前に三〇〇万円を支払わなければならなかった。

決して安くはない。躊躇《ちゅうちょ》する様子を見せると、すかさず切り込んできた。

「紹介料は患者さんが在宅医療を使い続ける限り毎月定期的に入りますから、安定した収入が確保できます。上手《うま》くいけば、一年後には月数百万円の収入が手にでき、加盟金も取り戻せます」

パンフレットを見ると、毎月一〇人ずつ患者を増やせば九ヵ月目には元がとれ、一年後には月約四〇〇万円の収入が確保できるとするシミュレーションが示されていた。

カラクリはこうだ。

代理店が在宅医療を利用したい患者を見つけると、Z社から提携先の医療機関に連絡がいく。後日、医師が患者宅を訪問して治療方針や在宅医療にかかる費用を説明し、納得が得られれば医療保険による在宅医療が開始される。

医師は在宅医療の提供で得られる診療報酬のなかから、患者一人あたり月一万五〇〇〇円のコンサルタント料（手数料）をZ社に支払い、同社はそこから代理店に紹介料として月八〇〇〇円を払うという仕組みだ。Z社には、患者一人あたり月七〇〇〇円の収入が落ちる。

よくぞ思い付いたものだ。日頃から、民間企業のビジネスチャンスを見いだす能力には驚かされるばかりだが、それだけ情報収集や勉強もしている。Z社も診療報酬の動向などをしっかり押さえていた。

有力な営業先はケアマネジャー？

急速に高齢化が進むわが国では、出生率の低下による「人口減少」という課題も突き付けられており、増え続ける社会保障費への対策が急務となっている。なかでも医療費は、二〇一二年度の約三五・一兆円から、団塊世代が七五歳以上となる二〇二五年には約五四兆円へと約一・五倍に膨れ上がる（厚生労働省推計）。

わが国の医療はこれまで「入院医療」を中心に発展してきたが、このままでは税金や社会保険料の大幅な負担増が避けられない。そこで国は病院のベッド数を抑制しつつ、早期退院も加速化させる方針だ。

代わりに自宅や老人ホームでの療養や看取りを増やすため、在宅医療・介護、生活支援サービスなどが一体的に提供される「地域包括ケア（システム）」の構築を進めている。入院医療と比べてコストの安い在宅医療を拡充することで、医療費削減につなげるのが狙いである。

実際、二〇〇六年頃から在宅医療の報酬を手厚くする誘導策がとられてきたため、参入する医療機関が増えている。「内科」や「外科」を標榜する診療所の五割超が訪問診療を行っている、というデータもある（日本医師会総合政策研究機構調べ）。

ただ、新たに患者を確保しようと思えば、それなりに時間もかかる。手っ取り早く患者を見つけたい医療機関にとっては、Z社のような仲介業者に多少の手数料を払ったとしても利用価値があるのだろう。

Z社の営業マンによれば、同社は住宅リフォームや不動産管理が本業で、患者紹介ビジネスの仲介業を始めるようになったのは二〇〇九年頃からだという。九州地方で先行する同業他社を真似て進出したらしく、ビジネスは関東地方でも広がっているという話だった。Z社も東京都内に大口の代理店を見つけ、本格的な参入を狙っていた。

さりとて代理店は、どうやって患者を探せばいいのか。

「狙い目はケアマネジャー（居宅介護支援事業所）です。家族から在宅医の紹介を頼まれることが多いのですが、探すのに苦労していますからね」

こんな答えが営業マンから返ってきた。

ケアマネジャーとは、在宅で暮らす要介護者にケアプラン（介護サービスの利用計画書）を作成する専門家だ。

在宅で訪問介護やデイサービスなどの介護保険サービスを利用するには、ケアプランの作成が必要となる。ケアマネジャーは本人・家族からの依頼を受けて、必要な介護サービスを提案し、介護事業所の予約・変更も引き受ける。

在宅医療は別途、本人や家族が医療機関に手配することになるが、どこに頼んだらいいのかわからないことも多く、ケアマネジャーは相談を受けやすい。Z社はその機会を捉えて提携する在宅医を案内してもらおうという算段だ。

「一番いい営業先は、有料老人ホームやサービス付き高齢者向け住宅なんですよ。介護が必要な高齢者が入居しているので、いっぺんに患者を確保できますからね」

身体の不調などで通院が難しい患者を対象とする在宅医療にとって、要介護者が入居する老人ホームはたしかに狙い目だ。

ただ、それは簡単ではなさそうだった。

「オープン（開設）後では他の医療機関が入り込んでいることが多いので、切り崩すのは難しい。事前に（開設の）情報をキャッチして上手く営業できればいいんですが……。関西では有料老人ホーム側から在宅医に手数料を請求する例があって、当社も困っているんですよ」

意外な情報だった。

有料老人ホームには医師が配置されていないため、ホームを運営する事業者は病院やクリニックと提携して、入居者の診療やいざというときの入院を依頼する。サービス付き高齢者向け住宅も同様である。

これまでは事業者側が医療機関に対して「協力をお願いする」という立場だったはずだが、いつの間にか立場が逆転しているようなのだ。

この情報は後に、問題の核心につながっていたことが判明する。

在宅医療の禁止事項と受けられる治療

ところで、在宅医療と聞いても、どういうものなのかイメージできない読者もおられるだろう。

在宅医療には、医師が定期的・計画的に出向く「訪問診療」と、緊急時など患者の求めに応じる「往診」の二通りがある。

救急を除き、私たちが病気やケガで医療機関にかかるときは外来に通院するのが基本だが、在宅で療養している患者で、傷病のために通院が困難な場合は在宅医療を利用できる。介助なしで通院できるような患者は対象とならないが、その判断は医師に任されている。

保険診療（公的医療保険の適用となる診療）では在宅医療の受けられる場所も規定されており、「普段生活している場所」が基本だ。自宅をはじめ、有料老人ホームやサービス付き高齢者向け住宅、認知症高齢者グループホームなども含まれる。いずれも在宅医が所属する医療機関から原則、「一六キロメートル以内」でなければならない。

要介護者は日中、入浴や機能訓練などを受けるためにデイサービスを利用することもあるが、そうした場所での診療は禁止されている。

また、「介護老人保健施設（老健）」や「介護療養型医療施設（介護療養病床）」のように医師の配置が法令で義務づけられている介護施設も対象外だ（特別養護老人ホームは条件によって診療が可能な場合がある）。

どういう治療が受けられるのかも気になるところだろう。

病状の管理はもちろんのこと、点滴や注射、創傷の処置などが提供されるほか、血液検査なども可能となっている。酸素吸入やエコー検査などもできる。医療機器も小型化するなど進歩しているのだ。

もちろん必要な薬も出してもらえる。「院外処方」の場合でも、在宅医が処方せんを発行するので、それを家族が後で薬局に持参して薬を受け取るか、訪問薬局に届けてもらうことも可能となっている。

専門的な治療や手術が必要となった場合は病院にかかることになるが、それ以外であれば、通院と同じレベルの治療が受けられるようになっている。

筆者は二〇一二年夏に末期がんだった母親を家族とともに自宅で看取ったが、がんの終末期は痛みや呼吸困難といった症状が出やすい。

母親の在宅医は、モルヒネなどの医療用麻薬（鎮痛剤）を処方して痛みをやわらげてくれたほか、呼吸が苦しくなってきたら酸素濃縮器や液体酸素ボンベを自宅に持ち込んで酸素を吸入させるなどの対応（在宅酸素療法）をしてくれた。

末期がんの患者はホスピス（緩和ケア病棟・病院）などで療養することもできるが、在宅医療でもこうした疼痛《とうつう》緩和などの処置を受けながら最期まで過ごせる。

何より住み慣れた自宅で、家族とともに療養できるのは精神面にもいい影響を与えるようだ。末期がんの患者を主に診ている在宅医によれば、入院中は険しい表情だった患者が、自宅に帰った途端に笑顔が戻り、表情が和らぐ例は少なくないという。

病院は常に医師や看護師が側《そば》にいる安心感はあるものの、入院中はいろいろな制限や制約を受けやすい。他の患者への遠慮もある。「わが城」で過ごすリラックス効果が、病状にも何らかのいい効果を及ぼしているのかもしれない。

母親も亡くなる直前まで好きなモノを食べたり、近くに住む小学生や中学生の孫がしょっちゅう様子を見に来てくれたりしたので喜んでいた。亡くなる直前には一緒に寝泊まりしてくれたほか、家族も時間が許す限り、むくんだ手足をマッサージするなどしてかけがえのない時間を過ごすことができた。こうしたことも、家で療養していたからこそ自由にできたのだとつくづく思う。

裏目に出た在宅医療「誘導策」

昨今は、メディアで在宅医の奮闘ぶりが〝美談〟として取り上げられる機会が増えている。それだけ在宅医療が馴染みのないものになっている証拠だろう。

だが、かつては開業医が患者の求めに応じて往診し、看取りに立ち会うことも珍しくなかった。

筆者も幼少の頃、自宅で療養していた祖母が息を引き取った後に近所のかかりつけ医がやってきて、家族とともに臨終を告げられたときの様子をいまでも鮮明に覚えている。三〇年以上も前のことである。

現在は自宅で最期を迎える患者が少なくなり、死亡者の約八割が「病院死」となっている。一九七〇年代以降、医療技術の進歩とあいまって病院のベッド数が大幅に増加したからだ。救急医療の発達も寄与した。

介護保険制度のない時代でもあったので福祉政策の遅れを病院がカバーし、慢性的な病気で症状の比較的落ち着いた高齢者の入院を引き受けるところも増えていった。その結果、一九七六年には「病院死」が「在宅死」を上回るようになり、家族は身近な人の死に直面しなくても済むようになった。

だが、もはや病院のベッドに頼れる時代は終わりつつある。

この先も医療ニーズは増え続けるが、財政事情から国は医療提供体制を見直して、病院のベッド数を絞り込む方針だ。早期退院も加速させ、自宅や老人ホームでの療養や看取りを推し進める。そのための方策が「地域包括ケア（システム）」で、住み慣れた地域で在宅医療・介護、生活支援サービスなどが一体的に提供される仕組みの構築が急がれている。なかでも在宅医療の拡充は喫緊の課題とされており、「在宅療養支援診療所・病院」への期待は高まるばかりだ。

昼夜を問わず三六五日体制で患者や家族などからの相談を受け付けるほか、必要に応じて緊急の往診（または訪問看護）にも対応する医療機関を指し、二〇〇六年度から保険診療上に位置づけられるようになった（在宅療養支援病院は二〇〇八年度から）。

二〇一二年度からは、複数の医師で診療を担当し、緊急の往診や看取りで一定の実績がある場合には「機能強化型」という類型も新設。一般の在宅療養支援診療所・病院よりも報酬を手厚くして誘導してきた。

全国には在宅療養支援診療所・病院として一万五〇六一ヵ所の届け出があり、このうち機能強化型の在宅療養支援診療所・病院は三八九〇ヵ所と約二六％を占めるまでになっている（二〇一三年七月現在、厚生労働省調べ）。

一般の医療機関でも在宅医療に取り組んでいるところはあるが、夜間に症状が急変した場合に必ずしも診てもらえるとは限らない。その点、在宅療養支援診療所・病院は「二四時間・三六五日体制」なので、患者にとってはいざというときでも安心できる。その分、

【自宅、住宅型有料老人ホームなどの患者向け】＝月額合計５万8600円

「在宅患者訪問診療料」	8300円／回×月２回＝１万6600円

＋

「在宅時医学総合管理料」	４万2000円／月(院外処方せんを交付する場合)

＊一例として

【介護付き有料老人ホーム（特定施設）などの患者向け】
＝月額合計３万8000円

「在宅患者訪問診療料」	4000円／回×月２回＝8000円

＋

「特定施設入居時等医学総合管理料」	３万円／月（院外処方せんを交付する場合）

＊一例として

※患者はこのうちの１〜３割を負担。ただし、公的医療保険には「高額療養費制度」といって、医療費を軽減する仕組みがあるので、例えば70歳以上の一般所得者（在宅医療を含む外来）であれば最大でも月１万2000円（薬代も含む）の負担で済む。住民税非課税世帯（低所得者）は、最大で月8000円（同）

一般の医療機関が訪問診療するよりも報酬が高めになっている。

例えば、二〇一二〜一三年度の診療報酬では、医師が定期的に患者宅を月二回以上、訪問診療した場合の一般的な月額費用は上記のとおりだった。

このうち「在宅時医学総合管理料」と「特定施設入居時等医学総合管理料」は、在宅医療を行う医療機関にとっての大きな収入源となっており、外来で診療するよりも高い。二四時間の対応が医学的に必要な患者に、医師が在宅療養計画を作成して、月二回以上の計画的な訪問診療を行った場合に算定できるものだ。

在宅時医学総合管理料は二〇〇六年度に創設され、自宅や住宅型有料老人ホーム、サー

ビス付き高齢者向け住宅などの患者を対象とする（二〇一五年現在）。

もう一方の特定施設入居時等医学総合管理料は、介護付き有料老人ホームなど特定施設の患者を対象に、二〇〇八年度から算定できるようになっている。

まさしくこれらの報酬こそが在宅医療の誘導策であり、厚生労働省は二年に一度の報酬改定の度に手厚くしてきた。

ところが皮肉にも同報酬が、患者紹介ビジネスを誕生させるきっかけとなったばかりか、老人ホーム向けの安易な診療をもたらすことにもつながった。外来で通院できる患者まで訪問診療を引き受けるケースが横行したのである。

厚生労働省が二〇一四年に在宅医療を行っている医療機関を調査したところ、「介助があれば通院可能だが、介助の確保が困難」という患者が全体の三四％を占めたほか、「通院が困難なわけではないが、患者や居住する施設が希望したから」という理由によるものが約四％あった。

強制的にかかりつけ医を変更

「当社のホームに入居されたら、△△クリニックと契約してもらいます。月に二回、先生が来て診察してくれますから安心ですよ」

筆者が見学した先々の老人ホームでもこうした案内を幾度となく聞いてきたが、入居と同時に在宅医療を勧められ、かかりつけ医まで変更させられるケースも見受けられた。

東海地方でクリニックを経営する医師も被害者の一人だ。

「若い頃からずっと診ていた患者さんが近くの有料老人ホームに入居した途端、提携先の医療機関に変更させられました。ホーム側は私に何の連絡もよこさずに、家族に対して『診療情報提供書（紹介状）を早くもらってくるように』と言ったそうです。家族としては受け入れざるを得なかったのでしょう。ホームへの入居と同時にかかりつけ医との関係が絶たれるケースは少なくありません」

患者がサービス付き高齢者向け住宅などに入居後、通院しなくなったという経験がある医療機関が三割に上ることが「日本医師会総合政策研究機構」の調査（二〇一四年）でも明らかになっている。なかには「提携医に変更しなければ、サービス付き高齢者向け住宅に入居できない」と言われた例もあるという。

さらには在宅医療だけでなく、歯科医が患者宅を訪問して治療する「訪問歯科」や、薬剤師による薬の宅配や服薬指導が受けられる「訪問薬局」までセットで契約を勧める老人ホームも見受けられる。もちろんそれらに係る医療費は、患者（入居者）の負担だ。

ホームを運営する事業者にしてみれば、入居者を医療機関に通院させる手間が省けるので余分な人手（介護職員）を確保しなくて済む。一方の在宅医にとっては、一度の訪問で多数の患者を診療できるため、戸建て向けに訪問するより効率がいい。双方にとって都合がよいわけだ。

それでいて当時は、患者一人あたり最低でも月約四万円（医療機関の要件によっては月約六万円）の報酬が在宅医の手元に入り、仮に一ヵ所のホームで五〇人の患者を受け持てば月約二〇〇万円（もしくは月約三〇〇万円）の収入が見込めた。老人ホームは在宅医にとって効率よく稼げる場所となっていた。

その結果、在宅医が老人ホームに手数料を払って診療を請け負う事例が各地で相次いだ。大阪府や兵庫県を中心に複数のサービス付き高齢者向け住宅を運営する事業者は、医療機関からの売り込みが絶えなかったと話す。

「月に二〜三ヵ所のクリニックが訪ねてきては、『▲▲円の手数料を入れますよ』とあからさまに言われることも少なくありませんでした。訪問歯科もよく営業に来ていました。当社は相手にしませんでしたが、こういうことをしていると医師が介護現場から色眼鏡で見られ、信用をなくしかねないと思っていました」

入居者の大半が要介護者であるサービス付き高齢者向け住宅にとっても、医療機関との提携は欠かせない。入居者を確保するうえでも宣伝材料になる。こうした事情を見越して、在宅医や訪問歯科医による営業合戦が繰り広げられていたようだ。

逆のパターンもある。

「老人ホーム側から、在宅医に手数料を要求するケースも横行していた」と、事情に詳しい関係者は打ち明ける。Z社の営業マンが言っていたことは正しかった。

大阪府下でクリニックを経営する医師も、この手の話を持ちかけられたと語る。

「患者紹介ビジネスの仲介業者だけでなく、医療系のコンサルタント会社や医療機器の業者を通じて手数料を持ちかけてくる例も多かった。手数料の相場はどこも診療報酬の一〜二割程度。コンサルタント料の名目で支払いを要求してきました」

いずれも老人ホームの入居者を対象とする案件ばかりで、自宅で療養する患者の紹介は皆無だったという。

民間の老人ホーム紹介センターの担当者は、地域によっては医療機関同士の縄張り争いも生じていたと話す。

「ある有料老人ホームでは、高い手数料を提示してきた医療機関が営業に来た途端、それまで出入りしていた在宅医が締め出されることになったくらいです」

現場では老人ホーム入居者の獲得をめぐって、〝仁義なき戦い〟が繰り広げられていたのである。

〝二四時間・三六五日対応〟のウソ

ちなみに患者は、仲介業者が介在していたとしても、それに係る費用（手数料）を負担させられることはない。

「それなら通院の負担が減るわけだから、問題ないのではないか」

こう考える人もいるだろう。

ところが、そうとばかりは言えないのだ。

老人ホームの事業者や関係者によれば、数十人の患者をわずかな時間でまとめて診て、さっさと帰ってしまう例も少なくないようだ。なかには「入居者の部屋を覗くだけで診療を済ませる医師もいる」といった話さえある。

そればかりか、二四時間体制で緊急時の往診にも対応しなければならないはずの在宅療養支援診療所・病院であるのに、「夜間など急変時には救急車を呼びます」と、老人ホームの担当者から一方的に説明を受けることも珍しくない。

あらかじめ日時が決まっている訪問診療は行うが、緊急を要する〝いざというとき〟の往診には対応しないというわけだ。

厚生労働省が二〇一四年、在宅医療を行っている医療機関に緊急往診の実態について調査したところ、「（医療機関の）休診日は基本的に行っていない」と回答した診療所が二八％、病院が三五・四％。「深夜は基本的に行っていない」と回答した診療所が三〇・五％、病院が三三・五％に上った。いずれも〝二四時間・三六五日対応〟をウリにする医療機関である。

もちろん症状によっては、病院で専門的な治療を受けるために救急搬送されるケースもあり得るが、ハナから診るつもりがないというのは違反行為に等しい。

患者は、二四時間対応の医療機関であるからこそ高い医療費の負担を強いられているのに、肝心なときに役に立たない〝名ばかりの在宅療養支援診療所・病院〟では意味がない。「ぼったくり」と言われても仕方があるまい。

こうした問題は、診療報酬の請求方法などについて医療機関を指導・監督する全国の地方厚生局（厚生労働省の地方支分部局）においても、遅くとも二〇一〇〜一一年頃には認識されていた。

筆者が同局に対して医療機関への指導内容を情報公開請求したところ、老人ホームで不適切な診療が横行している事例を九州厚生局が次のように記し、医療機関に注意喚起していた。これをご覧になると、いかに診療が杜撰であるかがおわかりになるだろう。

最近、在宅医療におけるモラル・ハザードが全国的に問題視されており、特に有料老人ホーム、(認知症高齢者)グループホーム、サービス付き高齢者向け住宅において顕著に認められるので十分注意すること。

なお、下記(左記)のような情報提供が当局に寄せられ、「個別指導」の対象となるケースが全国的に増えているので十分注意すること。

①単なる安否確認行為(いわゆる「ドアノックサービス」)あるいは架空の訪問診療について、在宅患者訪問診療料や往診料を算定している。

②「入居者個々の居室」ではなく、「当該施設内の一室(医務室と称している施設もある)」に曜日ごとに(通院困難でない者も含めて)入居者を一人ずつ招き入れ、外来診療と同様の形態で診療を行い、当該患者について、在宅患者訪問診療料を頻回に算定している。

③「食堂・談話室等または同一建物内の通所介護(デイサービス)の機能訓練室等」に、曜日ごとに、複数名の患者(通院困難でない者も含めて)を一カ所に集めて診療し、当該複数名の患者について、在宅患者訪問診療料を一斉かつ頻回に算定している。

④「在宅患者の急変時に、在宅療養支援診療所のかかりつけ医に電話しても、往診に来てくれず、いつも『救急車で○○病院に行ってくれ』と返答するだけで非常に困っている」等々、「名ばかりの在宅療養支援診療所」に関する患者・家族等からの苦情

また、有料老人ホーム、（認知症高齢者）グループホーム、サービス付き高齢者向け住宅については、医学的必要性の乏しい「頻回かつ短時間の訪問診療」の例も少なからず認められるため、十分注意すること。

患者紹介ビジネスの問題は二〇一三年二月、民主党の参議院議員・梅村聡氏（当時）によって国会（参議院予算委員会）でも取り上げられた。

「医療機関から診療報酬の二割程度の手数料をとって、サービス付き高齢者向け住宅に住む患者を紹介するビジネスが登場している。金品を授受して特定の医療機関に患者を誘導するのは不適切だ」と指摘し、政府に実態調査を求めた。

これに対し田村憲久厚生労働大臣（当時）は、「実態がどういう状況になっているのか調査しないといけない。過剰な診療とか他の医療機関の診療を受けることへの制限が行われているとなれば一定の対応が必要だ」と答弁し、厚生労働省は全国の地方厚生（支）局などを通じて情報を収集した。

ところが、その結果はなぜか公表されなかった。

筆者も問い合わせたことがあるが、「調査中で答えられない」（厚生労働省・保険局医療課）の一点張りで、いつ公表されるかも知らされなかった。

在宅医療を推進している手前、厚生労働省としては恐らく都合が悪かったのだろう。手厚い報酬で在宅医療に誘導しようとした目論見が裏目に出たわけだから、それもそのはずだ。

患者紹介ビジネスの仲介業者を規制する法令も、術もなかった。

ところが、その年の八月、事態は一変した。

「患者紹介ビジネス横行」「医師、報酬の一部を業者へ」——。

朝日新聞が一面トップで患者紹介ビジネスの実態を報道し、その後も矢継ぎ早に同ビジネスのさまざまな手口を紹介すると、他の大手メディアも追随して一斉に追及が開始された。

すると厚生労働省は、「患者紹介ビジネスは患者の自由な医療機関の選択を制限するだけでなく、医療機関による過剰な診療を引き起こす恐れがあり不適切である」として、ようやく対策を検討することを表明した。

と同時に、全国の地方厚生局などを通じて、改めて患者紹介ビジネスの実態調査を開始。

同年一〇月には、全国から二〇件の訪問診療と訪問歯科による事例が集まったことが公表された。もちろん氷山の一角に過ぎないが、厚生労働省も初めて公に認めざるを得なくなったわけだ。

国会での追及を「とりあえずの調査実施」でかわしたつもりだったのかもしれないが、大手メディアにすっぱ抜かれたので動かざるを得なくなったのである。

テレビや新聞などで大々的に報道されないと対策に乗り出そうとしない姿勢は、これに限ったことではないが、お粗末というしかない。

そもそもこの問題はかなり前から業界でも噂になっており、前述したように全国の地方厚生局では遅くとも二〇一〇～一一年頃には共通の課題として捉えられていた。

第四章で紹介する「看取りビジネス」でも、在宅医が老人ホーム（胃ろうアパート）の入居者を診療する見返りに事業者にマージンを支払っていたことが新聞報道などで発覚し、厚生労働省は二〇一一年二月、全国の地方厚生局に注意喚起する文書を通知している。

もっと早くに手を打てたはずだが、国策である在宅医療の拡充に水を差される話なので後ろ向きになっていたのは明らかだった。

騙しのビジネスモデル

「この分野はこれから広がると思ったが、騙された」

中部地方に住む小林宏さん（仮名、五〇代）は開口一番、こう吐き捨てた。

かつて患者紹介ビジネスの仲介業者であるZ社の代理店として、ケアマネジャーらに熱心に営業していたが、二〇一二年夏に同社との契約を打ち切ったという。

「ケアマネジャーの感触はよかったんですよ。この地域では在宅医療に取り組んでいる医療機関が少ないので、『他に（在宅医が）いるなら教えて欲しい』という問い合わせをいくつかもらいました。ところが、Z社に連絡しても、提携先の医療機関が確保されていないので断らざるを得なかった。結局、一件も成約しませんでした。最初から（Z社は）加盟金をとることだけが目的だったのではないか」

こう言うと、小林さんは厚さ一〇センチほどのケアマネジャーの名刺の束を見せてくれた。

Z社の代理店になったのは二〇一〇年。自営業の傍ら、サイドビジネスとして「小銭が稼げればいい」と考え、契約を交わしたという。かつて病院の事務部門で働いていた経験から、厚生労働省の政策にも明るかった。

「安定した収入が見込めると思った」と打ち明ける。

ただ、いまから思えば、Z社の様子に「怪しい」と思えるフシはあったようだ。

「代理店契約を交わす場で『提携している医療機関のリストを見せて欲しい』と伝えたところ、『直接やりとりされたら困る』と言われ、見せてもらえませんでした。その後、あるクリニックとの契約書を見せられたので信じ込んでしまった」

Z社の営業マンは代理店契約後も小林さんの事務所に足繁く通い、ケアマネジャーらへの営業にも同行してくれたという。

しかし、その足はいつしか次第に遠のくようになり、終《しま》いには数ヵ月に一度くらいしか来なくなった。その間、担当者の顔ぶれもコロコロ変わった。

「総勢で十数人の営業マンと関わりましたが、次から次へと辞めてしまうようでした。なかには加盟金を持ち逃げした人もいると聞いています。結局のところ、Z社は在宅医を一人も確保できていなかったのです。提携先だと知らされていたクリニックに後で確認したら、仮契約書は交わしていたものの、実際には契約に至っていないことがわかりました」

筆者がZ社の営業マンと接触したときも、どこの医療機関と契約しているのか尋ねたが、その際も「現在、□□クリニックと契約に向けて調整しているところです」とはぐらかされた。

どうやらZ社は代理店の開設が見込めるようになると、その地域で在宅医療を行っている医療機関に話を持ちかけ、コンサルタント契約を案内しているようだった。つまり、〝代理店ありき〟のビジネスモデルだったわけだ。

「そもそも地域で在宅医療に熱心に取り組んでいる医療機関は、Z社を相手にしなかったようです。ただ、このビジネスは在宅医さえ確保できれば、ニーズはあると思うんですよね」

悔しさの裏返しなのか、小林さんはまだ未練が断ち切れないようだった。

筆者はZ社に真相を確かめるべく取材を申し込んだが、「いまはもうやっていません。当時の担当者はいないし、資料もないので取材には応じられない」と断られた。

ただ、理由は言わなかったものの、「二〇一二年にビジネスから撤退し、代理店とは契約金の返還について和解に応じています」と担当者は話した。小林さんも同社に乗り込んで返還を迫り、契約金の一部を取り戻すことができたという。

Z社のホームページを確認すると、すでに患者紹介ビジネスの案内は跡形もなく消えていた。

厚生労働省が対策に乗り出そうと決意した二〇一三年秋には、すでに当事者はいなくなっていたわけだ。旨い汁はとっくに吸い取られていたのである。

真面目な在宅医が損をするしくみ

患者紹介ビジネスを問題視する報道を受けて、厚生労働省は結局、二つの方法で決着をはかった。

一つは、医療機関や医師などが保険診療を行ううえで順守すべき事項を定めた「療養担当規則」（正式には「保険医療機関及び保険医療養担当規則」と「保険薬局及び保険薬剤師療養担当規則」）において、医療機関や薬局などが患者を紹介してもらう見返りに事業者などに手数料を払うことを禁止した。

さらに二〇一四年度の診療報酬改定において、老人ホームなど同一建物に住む患者への訪問診療にかかる報酬を削減することも決めた**（図表4）**。

「在宅患者訪問診療料」については、介護付き有料老人ホームなど「特定施設向け」の報酬を一回四〇〇〇円から一回二〇三〇円に、「それ以外の同一建物向け」は一回二〇〇〇円から一回一〇三〇円へと、ほぼ半額に引き下げた。

さらに、「在宅時医学総合管理料」と「特定施設入居時等医学総合管理料」については、同一建物において複数の患者を同一日に診療した場合の報酬を新たに設け、最大で従来の約四分の一にまで報酬を減額した。

例えば、在宅療養支援診療所・病院（一般型、処方せんを交付する場合）であれば、「在宅時医学総合管理料」は月四万二〇〇〇円から月一万円に、「特定施設入居時等医学総合管理料」（同）は月三万円から月七二〇〇円へと大幅に削減された。戸建て向けに比べ、「手間がかからない」とみなされたわけだ。

ところが、である。この対策が、またもや新たな問題を引き起こした。

【図表4】2014年度改定で見直された訪問診療にかかる診療報酬

【在宅患者訪問診療料】

	改定前	改定後
戸建て（同一建物以外）	8,300円／回	8,330円／回
特定施設等 （介護付き有料老人ホームなど）	4,000円／回	2,030円／回
上記以外の同一建物 （サービス付き高齢者向け住宅など）	2,000円／回	1,030円／回

【在宅時医学総合管理料】

＊一般型の在宅療養支援診療所・病院（処方せんを交付する場合）

	改定前	改定後
個別訪問	42,000円／月	42,000円／月
同一建物・複数訪問		10,000円／月

【特定施設入居時等医学総合管理料】

＊一般型の在宅療養支援診療所・病院（処方せんを交付する場合）

	改定前	改定後
個別訪問	30,000円／月	30,000円／月
同一建物・複数訪問		7,200円／月

「今後は、新規の患者は引き受けられない」

二〇一四年二月に新報酬が発表された途端、医療機関から老人ホーム側にこうした声が相次いで届く事態が起きた。これが本章冒頭で紹介した騒動につながったのである。

それもそのはずだろう。最大で「約四分の一」に報酬を引き下げられる医療機関にとっては大打撃だ。なかには「こんな報酬ではやっていられない」と、早々に訪問診療から撤退を表明する医療機関まで現れた。

ある在宅医は報酬が明らかに

なった直後、ショックを隠しきれない様子でこう嘆いた。

「二〜三割は減額されると思っていたが、まさかここまで、とは想像しなかった。（二〇一四年）四月から医師を新たに雇用する予定だったので、収入減をどう埋めればいいのか……。昼夜を問わずに急変時には患者の元に駆け付け、救急搬送を頼む場合でも搬送先の病院を確保して患者の症状や治療経過を伝えるようにしている。一生懸命やっているのに残念でたまらない」

医療機関のなかには「改定前の報酬がそもそも高すぎた」という声も少なくなかったが、いきなり四分の一に減額されたのでは経営計画にも大きな狂いが生じる。真面目に在宅医療に取り組んでいた医師にとっては、仕事への熱意にも影響しかねなかった。

老人ホームの関係者からも、「いまでさえ夜間の対応などに疑問を感じるクリニックがあるのに、この報酬ではさらに対応が手薄になる恐れがある」「夜間の緊急時に来てもらえなくなり、救急搬送が増えるかもしれない」といった不安の声が高まった。

行き当たりばったりの厚労省

あまりの混乱ぶりに厚生労働省も見直しを余儀なくされ、急遽、二〇一四年三月に報酬の算定要件を一部緩和することを決めた。

月二回以上の計画的な訪問診療を行った場合に算定できる「在宅時医学総合管理料」と「特定施設入居時等医学総合管理料」について、老人ホームなど同一建物の患者であっても、二回のうち一回を〝単独で〟一人の患者のみを診るようにすれば、もう一回は複数患者を同一日に診たとしても、従来どおりの高い報酬を請求できるよう見直した。

つまり、月二回とも同一日に複数の患者をまとめて診ると報酬が減額されるが、そのうちの一回をあえて日付をずらすようにすれば減額を回避できるようにしたわけだ。

さらに、「①緊急の往診で出向いた患者」「②がん末期で訪問診療を始めてから六〇日以内の患者」「③死亡日から遡って三〇日以内の患者」については、同一日に複数診ても患者の数に合算しなくてもよいことになった。

例えば、同じ日に二人の患者を訪問した場合、そのうちの一人が①〜③のいずれかに該当すれば、それぞれ一人ずつ訪問したものとして高い報酬を請求できるようにしたのだ。

まさに「苦肉の策」としか言いようがないが、この緩和策によって現場はひとまず落ち着きを取り戻した。

ただ、在宅医療に取り組む医師からは、「厚生労働省に踊らされているようで腹立たしい」といった怒りの声が少なくなかった。

何より今回の対応で同省の〝行き当たりばったり〟な姿勢が露呈し、現場に不信感をもたらしたことはたしかだった。

医療機関からのレセプト（診療報酬請求書）をチェックする社会保険診療報酬支払基金・岐阜県審査委員長の安藤喬医師も、疑問を投げかける。

「厚生労働省は在宅医療の数を増やすことに重点を置いていたので、『いかに儲けるか』と考える一部の医療機関を誘導してしまった。外来で通院できる患者まで訪問診療で対応していた例もあったので、ある程度の是正は仕方がないでしょう。しかし、ここまで大幅に引き下げられると、真面目に在宅医療に取り組んでいた医師がやりづらくなります。報酬だけで政策誘導しようとしたことに無理があったのは否めません」

診療報酬は医療行為の対価ではあるものの、メリハリを付けることによって国が目指すべき方向に導いていく役割もある。手厚い報酬という経済的なインセンティブには一定の効果があるにせよ、「ツメが甘かった」と言われても仕方があるまい。

そもそもカネ目当てに参入してくるような医療機関は、旨みがなくなればいなくなるのがオチである。事実、そういったところは今回の改定後に、いち早く在宅医療から撤退していった。

報酬設定では、さじ加減も重要だ。厚生労働官僚からさえも「さすがに四分の一への減額はやり過ぎだった」といった批判が密かに出ているくらいである。そのしわ寄せが、患者にいくことを忘れてもらっては困る。

看取り家族や老人ホームにとっての大きな支え

患者紹介ビジネスの問題発覚を契機に、在宅医療のさまざまな問題点があぶり出されることになったが、今後も在宅医療を推進していく厚生労働省の方針に変わりはない。団塊世代が七五歳以上となる二〇二五年に向け、住み慣れた地域で最期まで療養できる「地域包括ケア（システム）」の構築を進めるためにも在宅医療は欠かせないからだ。

そこで二〇一四年度の報酬改定では、在宅医療を行う医療機関にまんべんなく手厚い報酬を付けるのではなく、一定の実績があるところを評価していく方針に切り替えた。

その一つが、在宅療養支援診療所・病院のなかでも体制の手厚い「機能強化型」と呼ばれる要件の見直しだ。

二〇一二年度から創設された機能強化型は、「常勤医師が三人以上在籍」「過去一年間の緊急の往診実績が五件以上」「過去一年間の看取り実績が二件以上」といった要件を満たす必要があり、そのぶん、一般の在宅療養支援診療所・病院よりも報酬が高くなっている。

厚生労働省による公表データから筆者が機能強化型による在宅時医学総合管理料の算定回数を調べたところ、二〇一二年は五万三四九四回だったが、その翌年には一一万五四〇七回へと倍増し、一般型よりも伸びが著しかった。特定施設入居時等医学総合管理料も同様だった。

しかしながら先に述べたとおり、定期的な訪問診療は引き受けるものの、緊急の往診には対応せず、〝一律に〟救急搬送に任せきりにする例が指摘されたため、従来よりも要件を厳しくした。

具体的には、過去一年間における緊急の往診実績を五件以上から一〇件以上に、同じく看取りの実績も二件以上から四件以上に見直した。

また、機能強化型は複数の医療機関が連携して要件を満たすこともできるが、連携先となる各医療機関にも過去一年間における「緊急の往診実績が四件以上」「看取り実績が二件以上」という要件を課した。

さらに一般の在宅療養支援診療所・病院においても、一定数以上の緊急の往診や看取りをした場合に加算（在宅療養実績加算）を付けることにした。

いずれにせよ、実績に応じて報酬にメリハリを付ける体系へと見直された。

たしかに緊急の往診や看取りを行っているかどうかは、在宅医療に真剣に取り組んでいるかどうかのメルクマールになる。患者や家族にとっても、いつでも駆け付けてくれる医師がいてくれるのは安心だ。筆者も母親が在宅医療を利用する際に、「不安なことがあれば、いつでも遠慮なく連絡してください。夜中でも駆け付けますから」と医師から声をかけてもらえて心強かった。

特に看取りともなれば家族も初めての経験が多いだけに、どういう症状が出るのか不安でいっぱいだ。目の前で予期せぬことが起きたときに相談できる医師がいなければ不安に陥り、救急搬送に頼ってしまう気持ちもわかる。入院すれば病院にすべてお任せできるわけだが、在宅医療では家族が引き受けなければならないので精神的な負担は大きいのだ。

老人ホームも、置かれている状況はそれほど変わらない。

特に夜間や早朝は介護職員の数が極端に少なくなり、看護師がいないところがほとんど。オンコールで看護師と連絡がとれるところは増えているものの、介護職員が一人で判断しなければならないこともある。そのため「自分の夜勤時には何も起こらないで欲しい、と祈るような気持ちでいます」と話す介護職員は少なくない。

終末期であれば、死と直接、向き合う怖れもあれば、勇気もいる。

連絡がとれないような在宅医は論外だが、症状の急変時などに駆け付けてくれる医師がいることは、老人ホームにとっても大きな支えとなっているのだ。

看護師にもできること、医師にしかできないこと

とはいえ、在宅医に取材すると、昼夜を問わずに駆け付けるのは体力だけでなく、精神的な負担も大きいという。特に終末期の患者を抱えている場合は、「いつ電話がかかってくるかわからないので、隣町へ外出することすらためらわれる」といった話も聞かれる。

日本医師会総合政策研究機構の調査（二〇一四年）でも、在宅医療を行ううえで医師が大変だと感じているのは「緊急時の対応」がもっとも多く、次に「自身の体力」「在宅での看取り」と続いている。

体力のある若いうちは夜間などの往診をこなせたとしても、「六〇歳を過ぎると体力的につらい」という声も聞く。医師が一人しかいない医療機関であれば、なおさらだろう。

そのため緊急時は、医師の代わりに医療機関の看護師（または提携先の訪問看護ステーションの看護師）が出向くのを常としている在宅療養支援診療所・病院もある。

こうした対応は認められているが、なかには老人ホームでの診療を引き受ける見返りに、医師が雇っている看護師をホームに常駐させ、夜間など急変時の対応一切を任せている例もあると聞く。老人ホームに手数料を払う代わりに、看護師の人件費を手当てしているようなものだ。

症状によっては医師が対応すべき内容ばかりとは限らないので、看護師が一義的に関わることは医師の負担軽減につながる。厚生労働省もそうした役割に期待しており、訪問看護の報酬は引き上げられている。

ただ、それだけでは立ちゆかない点もあるようだ。

住宅型有料老人ホームの経営者で、看護師資格も持つ女性はこう指摘する。

「提携先のクリニックは緊急時の対応を看護師に任せきりにしているため、いざというときでも医師が来てくれません。終末期は家族から症状などについて聞かれる機会が増えるのでホームの看護師からも丁寧に説明しますが、不安は払拭されないようです。結局、家族から救急車を呼ぶよう求められ、ホームでの看取りは思うように進んでいません」

同ホームには夜間にも看護師がいるが、それだけで看取りが進むわけではないという。

一方、難病やがん末期、認知症などあらゆる状態の要介護者を引き受けているサービス付き高齢者向け住宅「サボテン六高台」(千葉県松戸市)では、夜間に看護師がいるわけではないが、看取りも行っている。

入居者のほとんどは訪問介護や訪問看護などを利用しながら暮らしているが、「ここぞ」という大事な局面では、在宅医療を担うクリニックが対応してくれるという。

かつて訪問看護師としても活躍し、サボテン六高台などを事業展開する「株式会社アース」の佐塚みさ子社長は次のように話す。

「入居者が終末期になった場合は、職員が本人や家族とどんな最期を送りたいか話し合いを重ねます。ときには点滴や経管栄養などの延命治療をめぐって、家族間で意見が対立する場合もあります。終末期の点滴は、むくみや痰の増量などで本人がつらい思いをすることもありますが、先生（医師）から直接、治療による身体への負担やリスクを説明してもらうと家族も納得しやすい。やはり医師の言葉は重いようです」

筆者がこれまで取材してきた老人ホームでも、看取りに取り組んでいるところは必ずといっていいほど医療機関との連携が上手くいっている。緊急の往診に応えるのはもちろんのこと、医師が担うべき役割をきちんと把握したうえで対応している。

昨今は医師の代わりに看護師ができる治療（医療）行為を増やしていく方策が厚生労働省によって進められているが、病状（病気）の診断と治療方針を示すことは医師にしかできないことである。終末期ともなれば症状が刻々と変化しやすいので、家族も医師が直接向き合ってくれなければ安心できない。

在宅や老人ホームでの療養や看取りを進めていくには、単に業務を代替するという発想ではなく、患者や家族が納得できる道筋を指し示すことも必要だと思う。

誰のための老人ホームなのか？

ところで、二〇一四年度の報酬改定で在宅医療の現場はどう変わったのか。

日本医師会総合政策研究機構が二〇一四年一〇月から一一月にかけて改定後の動向を調べたところ、「訪問診療にまったく行かなくなったサービス付き高齢者向け住宅など老人ホームがある」と回答した医療機関は一一・二%だった。本章冒頭で紹介した全国特定施設事業者協議会の調査でも、八・八%の老人ホームで医療機関が変更になったことが明らかになっている。

では、在宅医療を続けている医療機関の経営にはどう影響したのか。

厚生労働省の調査によれば、改定後に収入が減ったかどうかの問いに対して「大いにあてはまる」または「あてはまる」と答えた医療機関は約四割にのぼった。

報酬減額を回避するため、入居者を一人ずつ診療できるよう毎日、老人ホームを訪問したり、複数の医師が代わる代わる訪問したりしている例も見受けられるが、その割合は二二%だった（同省調べ）。おおかたは従来どおり月二回程度、老人ホームを訪問してまとめて入居者を診療する形態を続けている。

「大勢の医師を抱えている医療機関ならばともかく、そうでなければ外来を続けながら頻回に訪問するのは難しい」（某在宅医）というのが現状のようだ。

ただ、老人ホーム向けの診療が減ったわけではない。

先の日本医師会総合政策研究機構の調べによれば、「新たに訪問診療に行くようになったサービス付き高齢者向け住宅がある」と答えた医療機関が二六・五%もあった。撤退していったところよりも、新規に開始した割合の方が多い結果となっている。

サービス付き高齢者向け住宅には国からの建設費補助が続いているので、新たな建物ができればできるほど診療先も増える。有料老人ホームの数も伸び続けているので、在宅医療の対象となる患者を探すのに困ることはないのだ。

さらに昨今は、医療機関自らが老人ホームの運営に乗り出し、入居者の診療を一手に引き受ける例も増えている。サービス付き高齢者向け住宅を運営する事業者のうち一六%を医療系事業者が占める（二〇一四年三月末現在、国土交通省調べ）。株式会社などを通じて参入するケースもあるので、実態はさらに多いと推定される。

老人ホームのコンサルティングを手がける「エヌ・ビー・ラボ」（横浜市）の清原晃代表は、「国策で地域包括ケアが推進され、入院日数の短縮化を進めていることもあって、退院患者の受け皿として急性期病院などが介護事業をはじめ、老人ホームの運営や連携に関心を示す例が増えている」と話す。なかには病院内の扉一枚を隔てた隣に、有料老人ホームを開設している例もあるくらいだ。

そういったところは報酬減額の影響をそもそも受けにくい。たいていは医療機関の近くに老人ホームが開設されるので、頻回に訪問することが可能なだけでなく、患者を毎日一人ずつ訪問して高い報酬を請求することも容易《たやす》いからだ。

もちろん近くに医師がいるのは入居者に安心をもたらすことにつながるので、悪いことばかりではないだろう。ただ、老人ホームにクリニックが併設されていても、休日や夜間に連絡がとれないものもある。

そもそも誰のためのホームなのか疑問に感じる例も。東京都内に事業所をかまえるケアマネジャーの岡村勉さん（仮名）はこう注意喚起する。

「急性期病院とのパイプをつくって、退院患者を進んで引き受けている医療機関の老人ホームもあります。病院の看護師や医療福祉相談室の相談員（ソーシャルワーカー）から紹介されると家族は安心しがちですが、質の悪いものも目立ちます」

要介護者が入院した先の医師から「この状態で在宅介護は大変でしょう」などと告げられ、老人ホームへの入居が案内されるばかりか、岡村さんに何の連絡もないままケアマネジャーを勝手に交替させられたことが何度もあるという。

急性期病院は入院が長引くと診療報酬が減らされてしまうので、老人ホームへ案内して早々に退院させたい。片や老人ホームを運営する医療機関側は、在宅医療と看護・介護サービスで入居者を囲い込むことができる。両者がタッグを組めば、互いの経営にとって都合がいいわけだ。

病院が経営する老人ホームであれば、退院患者の受け皿として機能させることはさらに容易くなる。そうなれば、医師らの提案が患者のためなのか、それとも病院の都合によるものなのか簡単に信用できなくなりそうだ。知らぬ間に病院が敷いたレールに乗せられ、そこから簡単に抜け出せないようになる懸念も捨てきれない。

医療財政の面から考えても、早期退院や病院のベッド数削減で入院医療費は減るかもしれないが、そのぶん以上に在宅医療・介護費が使われたとしたら、国が目論む医療費削減につながらないどころか、社会保障費全体が増える可能性だってある。

事実、老人ホームを経営する某医療機関の関係者は、筆者にこうつぶやいた。

「たとえ訪問診療の報酬が減らされても、訪問回数や往診を増やせば挽回できる」

報酬改定による影響など物ともしない様子だ。

厚生労働省は医療機関に介護事業や老人ホーム事業へ参入することを勧めているが、果たしてこのままでいいのか。患者の囲い込みは、すでに医療機関でも始まっている。

第三章

「老人ホームもどき」の増加にご注意

――悪いのは事業者？　それとも行政？

高齢者虐待防止法に抵触

二〇一五年二月一七日――。この日の夕方から夜にかけて放映されたニュース番組の映像は、社会に衝撃を与えた。

そこは東京都北区にあるシニアマンションの一室。介護ベッドに横たわる高齢者の胴体には太いベルトが巻かれ、身動きできないよう固定されている。居室のドアは外側からつっかい棒があてられ、壁には「24時間ドアロック」と書かれた張り紙が見える。居室に出入りするヘルパーへの注意事項だ。

「入居者の一部に対する行為が、高齢者虐待に該当すると認め、改善するよう法人代表者に通知しました」

前年一一月に朝日新聞の報道を受けてマンション内部を調査していた北区が同日、記者会見を開いて、マンションで入居者がベッドに縛り付けられるなどの虐待を受けていたと公表するや、そのニュースはテレビや新聞で大きく報道され、またたく間に全国に知れ渡った。

マンションは同区にある「医療法人社団岩江クリニック」が、不動産会社らと組んで運営しており、クリニックの周辺に三ヵ所ある。入居者数は計一五九人にのぼり、おもに

「要介護4、5」の寝たきりなど重度の要介護者が暮らす。胃ろうなどの経管栄養やがん末期など、医療依存度の高い要介護者が中心だ。

不動産会社らが入居者に部屋を貸し出し、法人は訪問診療（在宅医療）をはじめ、訪問看護・介護サービスなどを提供。ケアプランも、法人のケアマネジャーが作成していた、いわば「囲い込み」である。

法人関係者の話によると、入居費は家賃三万円のほか、食費や介護費、医療費などで平均一〇万円程。一時金はいらない。都内でこの料金は格安だが、介護保険や医療保険から多額の報酬を得ることで成り立っていた。

北区は同年三月までに、「入居者の計九九人（障害者虐待防止法による認定も含む）に虐待があった」と認めた。

＊　＊　＊　＊

「マンションは四畳半程度の個室か相部屋で、入居者のほとんどが寝たきりでした。ベッドは四点柵で囲われて一人では下りられないようになっています。なかにはミトン型の手袋をはめられ、つなぎ服（自身で脱ぎ着できない拘束着）を着せられている人もいました」

かつて同マンションを見学したことがある介護関係者は、内部の様子をこう語った。

これらの行為はいずれも高齢者の行動の自由を奪う「身体拘束」とされ、高齢者虐待防止法に抵触するだけでなく、介護保険法でも禁止されている。緊急やむを得ない場合は例外的に認められるが、「切迫性」「非代替性（他に方法がない）」「一時性」という三要件を満たした場合に限られている。

筆者の取材に応じた法人の元職員は、北区から虐待と認定された身体拘束はかなり前から行われていた、と証言する。

「ベッドから寝具や身体がずり落ちるのを防ぐため、四点柵は当たり前のように付けていました。つなぎ服も、経管栄養のチューブを引き抜くのを防ぐために常時二〇～三〇人ぐらいに使っていた。なかにはオムツに手を入れて便をいじり、周囲を汚す入居者もいます。それに対応していたら、決められた時間どおりにサービスは終わらない。拘束するのは申し訳ないとは思ったが、正直、助かっていたのも事実です」

マンションでは法人のケアマネジャーが作成したケアプランに基づいて、決められた時間にヘルパーが居室に出向き、一回三〇分または六〇分のサービスを一日三回程度提供するのが基本だったという。介護施設のように常時職員がいるわけではなく、マンションの居室を自宅とみなし、そこにヘルパーらが訪問する形態をとっている。

「時間どおりにサービスが終わらないと、次の利用者にしわ寄せがいきます。それに、時間を超過しても入居者に追加費用を請求していませんでしたから、コスト面でも（身体拘束は）助かっていたようです」

ヘルパーは決められたスケジュールをこなすため居室を次から次に訪問しなければならず、身体拘束は予定外の突発的な事態を避けるための手段としても使われていたようだ。

医療法人は北区が認定した身体拘束の事実は認めつつも、医療用のチューブを抜いてしまう恐れがあるなどの理由で「医師が療養上の必要性から行わせているものである」と主張して、ヘルパーらの関与を否定していた。

だが、北区が虐待認定した同日、介護事業所を監督する東京都は、法人が運営する居宅介護支援事業所（ケアプランの作成機関）と訪問介護事業所に対し、「三要件について慎重に検討することなくサービスを提供していた」として、早急に改善を求める勧告を出した。

たとえ医師の指示があったとしても、介護保険下でサービスを提供するケアマネジャーやヘルパーが関わっていることから、それぞれが専門的な視点で三要件を踏まえて身体拘束が必要か判断し、その内容を記録に残しておく必要があるが、「そうした実態は見あたらなかった」（東京都指導監査部指導第一課）とのことだった。

増加する「老人ホームもどき」の弊害

同マンションの実態は有料老人ホームであるにもかかわらず、東京都に届け出しないまま運営されていたことも明らかになったが、昨今は「高齢者向け」と謳いながら、無届けで運営する〝老人ホームもどき〟が後を絶たない。厚生労働省の調べでは、二〇一四年一〇月末現在で全国に九六一ヵ所あり、二〇一〇年度の二四八ヵ所から約三・九倍に増えている。

特別養護老人ホームなどの法定施設以外で、高齢者を住まわせ、食事、介護、家事援助、健康管理のいずれかを提供する場合は、有料老人ホームとして届け出ることが老人福祉法で義務づけられている。規定の介護・看護職員が二四時間常駐する「介護付き」と、住まいとは別に、介護事業所との契約が必要な「住宅型」に大別される。医療法人のマンションのような形態は後者に位置づけられる。

運営主体の多くが株式会社である有料老人ホームは、かつて富裕層向けが中心だった時代があるためいまだにその印象を持たれやすいが、現在はすっかり事情が違っている。もちろん高額な一時金がいるものもあるが、昨今は「一時金なし」のホームや、数十万円程度で入れるものが増えている。

月額費用も食費込みで一〇万円を切るものから、三〇万円以上するものまでバリエーションが豊富だ。地方では、平均すると月額一二万～一三万円程度で入れる。

それというのも二〇〇〇年度に介護保険制度が始まってから、介護サービスの費用が保険で賄われるようになったからである。従来は入居者が全額を負担していたが、公的保険で介護費用の一部が賄われるようになったので負担が軽減され、民間事業者も安定した収入を確保しやすくなった。施設ニーズの高まりもあることから事業者の参入も盛んで、いまや有料老人ホームは全国に九五八一ヵ所（定員約三九万人）にまで増えている（二〇一四年七月現在、厚生労働省調べ）。

基本的に事業者は、ホームを開設する前に自治体と協議するよう求められている。だが、賃貸マンションや空き家などの部屋を高齢者に貸し出し、介護事業所からヘルパーを派遣すれば容易に始められることもあって、無届けのまま運営されやすい。

名古屋市介護保険課の担当者は、「届け出が必要なことを知らない事業者もいる」と話す。市が介護事業所の実地指導に出向いた先で、無届け・老人ホームもどきを発見する例も増えているという。

有料老人ホームなどの入居相談を行っている「あんしん住まいサッポロ」（札幌市）の西原桂子シニアアドバイザーは、事業者の姿勢にも問題があると話す。

「札幌市を中心に北海道内には『高齢者向け住宅』と称した無届け施設があちらこちらに

ありますが、それらの多くは『届け出の手続きが面倒』『自治体から干渉されたくない』という思いがあるようです。入居者もそれなりに集まるので事業者の意識は低い。『空きマンションがあるから高齢者に貸したい』などと、安易な考えで始めようとする傾向も見受けられます」

いったい届け出の有無によって何が違ってくるのか。

まず、事業者には法令で重要事項説明書の交付や一時金の保全措置などが義務づけられ、違反行為には自治体が改善命令を下せるようになっている。さらにサービスや契約内容などに問題があれば、自治体がホームに立ち入って検査し、改善を促すこともできる。

無届けのままでは北区のシニアマンションのように、虐待など不適切なケアが提供されていても発覚が遅れたり、不正請求の温床になったりしやすい。入居者が自治体に苦情を申し出ても、相手にされないこともあるのだ。

高齢者福祉の有識者のなかには「届け出がなくても質のいいところはある」と、まるで無届け・老人ホームもどきを擁護するような発言をする御仁も見受けられるが、届け出の有無は入居者保護に直結する大切なポイントである。コンプライアンス（法令順守）は、経営の基本であることを忘れてはならない。

東京都が放置していた

実は、虐待が発覚したシニアマンションも、かなり前から北区が「無届けの疑いがある」と東京都に報告していた。それに対し都は、「有料老人ホームにあたらない」（施設支援課）と回答し、放置していたことが筆者の取材で明らかになっている。

医療法人は二〇〇二年からマンションを運営しているが、三棟目が開設された直後の二〇一一～一二年には、北区が独自に法人側と交渉してマンション内部を調査し、改めて東京都に判断を委ねたこともある。しかし、またしても「非該当」（同）という烙印が押され、無届けのまま見過ごされてきた。

当時、筆者がその理由について都に尋ねたところ、「住まいの契約先と、食事や介護などサービスの契約先が別になっているから」（同）と説明し、入居者や契約の実態などを調べようとすらしなかった。

有料老人ホームは住まいと食事などのサービスが一体的に提供されているものを指すため、契約先がそれぞれ違う場合は、実態を見て判断しなければならない。厚生労働省も「たとえ（契約先が）別であっても、両者に委託関係があったり、経営上の一体性が認められたりする場合は有料老人ホームに該当する」という判断基準を示している。

ただ、明らかに同一事業者が提供しているとわかればいいが、事業者のなかにはあえて別会社にして、「うちは部屋を貸しているだけ」「食事は入居者が勝手に契約している」と言い繕い、届け出を逃れようとするところもある。いずれにせよ、まずは現地に出向いて契約状況などの実態を把握すべきだが、東京都は形式だけで「有料老人ホームにあたらない（非該当）」という判断を下し、届け出指導を放棄したのである。

ところが、マンションが虐待でメディアを賑わすようになった途端、方針をいきなり転換。虐待発覚から約一ヵ月後の二〇一五年三月、東京都の舛添要一知事は記者会見の場で、同マンションを有料老人ホームとして認めたことを公表した。

「先般報じられております北区所在の高齢者向け住宅（シニアマンション）に関しまして、本日、東京都として老人福祉法に定める有料老人ホームに該当すると認定いたしましたので、お知らせいたします。（中略）本日、医療法人社団岩江クリニックら関係者に対し、老人福祉法に基づく有料老人ホームの設置届け出を都に提出するよう文書を渡すとともに、立ち入り調査を実施しております」

遅きに失した、と言わざるを得ない。北区の報告をしっかり受け止めて、もっと早くに東京都が有料老人ホームとして届け出指導していれば、虐待がこれほど蔓延することはなかったに違いない。

マンションの存在は早くから地域の介護関係者の間でも噂になっており、その実態を把握するよう求めていたケアマネジャーらもいたが、北区はそれを無視していたことも明らかになっている。

「北区の福祉事務所が紹介した生活保護受給者がマンションに何人も入居していたのに、なぜ虐待に気づかなかったのか。区も同罪だ」

医療法人に部屋を貸している男性はこう憤る。マスコミに騒がれるまで放置していた北区にも責任があるのは言うまでもない。

大阪でも介護放棄などが発覚

奇しくも同じような出来事は、関西でも起きていた。

二四時間対応の医療や介護を謳う「ドクターズマンション天六苑」（大阪市北区）で二〇一三年二月、入居者が介護されないまま放置されている事態が発覚した。

高齢者虐待には次ページの**図表5**のように五つの類型があるが、天六苑では医療用チューブの衛生不良が見られたほか、身のまわりの介護が提供されていないなどの「介護放棄（ネグレクト）」と呼ばれる虐待を入居者が受けていた。

マンションの調査に立ち会った大阪市の地域福祉課長は、その悲惨な様子を話す。

「入居者は『要介護4、5』の重度要介護者が中心でしたが、衣類やシーツは交換されな

【図表5】高齢者虐待の類型

身体的虐待	暴力行為などによって身体に傷やあざ、痛みを与える行為。また、外部と接触させないようにする行為
心理的虐待	脅しや侮辱などの言葉や態度、無視、嫌がらせなどによって精神的な苦痛を与える行為
性的虐待	本人の合意がない性的な行為や、それを強要する行為
経済的虐待	財産や金銭の無断使用や、本人が望む金銭の使用を理由なく制限する行為
介護・世話の放棄・放任	必要な介護サービスの利用を妨げたり、世話を放棄したりする行為

いままで汚れており、入浴や清拭《せいしき》（体を拭くこと）も行われていませんでした。顔には目脂《めやに》がたまり、髪の毛は櫛も通らないくらい汚れで固まっていた。褥瘡《じょくそう》（床ずれ）や潰瘍ができている人も複数いました。胃ろう（経管栄養）や尿カテーテルなどのチューブはカビで青紫に変色し、長らく交換されていないようでした」

市は調査の結果、入居者一二人のうち九人に対して「介護放棄」のほか、外出など行動の自由を制限する「身体的虐待」や、面会時の監視や手紙を検閲するなどの「心理的虐待」があったと認定。入居者を直ちにマンションから退出させ、あらかじめ打診しておいた特別養護老人ホームに入所させた。なかには脱水症状や腎炎などを患っており、病院に搬送された高齢者もいたという。

「立ち入り時にマンションの経営者である医師に事情を聞いたところ、『ちょうど（マンション運営を）やめようと思っていたところだった。市が受け皿を用意してくれるなら、そちらで引き取って欲しい』と言われたので、このままではサービスが提供されない恐れがあるとして入居者の保護を決断しました」

その救出劇は、困難を極めたという。九階建てのマンションの上層階に入居者が分散して暮らしていたが、エレベーターはたったの一基。寝たきりの高齢者を運び出すストレッチャー（担架）が入る余裕もない狭さだったため、市職員は入居者を一人ずつ抱きかかえて外に連れ出した。

大阪府と大阪市が責任のなすりあい

同マンションも東京都北区の例と同じように、医療法人が運営していた。開設は二〇〇七年六月で、マンションにはクリニック（野中診療所）や介護事業所が併設され、入居者に訪問診療をはじめ、訪問看護・介護サービスが提供されることになっていた。

入居者を募る法人のホームページやパンフレットには「24時間万全の医療や看護・介護」「病院の安心とホテルの快適さを兼ね備えた新しい高齢者住宅」などの文句が並ぶが、実態はそれとはほど遠いものだったようだ。

前出の大阪市地域福祉課長は言う。

「実際には一部屋を二人が利用しており、ついたてが置いてあるだけ。プライバシーもなく、狭い空間で車いすが通るのもやっとでした。意思表示ができる入居者に話を聞いたところ、事業者は外出だけでなく、入居者が他の施設へ移動することも禁止していました。特別養護老人ホームに申し込んでいた入居者は、職員に説教されて断らざるを得なかったそうです。家族の面会時にも職員が常に傍にいて監視していました」

ある入居者はたまらなくなって非常口から逃げ出したものの、手持ちのお金がなかったために職員によってマンションに連れ戻されたという。

取材を進めると、大阪府がかねてより天六苑を「無届け施設ではないか」と注視していたことがわかった。

しかし、どういうわけか二〇〇九年に、「住まいと、食事や介護などの契約先が別法人なので有料老人ホームにあたらない」と形式だけで判断し、指導を放棄していた。東京都とまったく同じだ。

二〇一二年度からは有料老人ホームの事務所管が政令市や中核市にも広がったため、大阪市が届け出指導を担当することになったが、府と同様の考え方が踏襲されたため見過ごされてきた。虐待が発覚するまで、市の有料老人ホームの担当部局は現地に一度も出向いていなかったことも判明した。

母親を入居させていた男性は虐待が発覚する一年程前、「ベッド柵に手足を紐で縛られている」と大阪市に苦情を訴えたが、「弁護士を紹介されるだけだった」と話す。この他にも複数の苦情が寄せられていたが、ようやく市が重い腰を上げたときには虐待被害が拡大していたのである。

有料老人ホームの指導を所管する大阪市介護保険課の事業者指導担当課長は、こう釈明する。

「府が『有料老人ホームにあたらない』と判断していたこともあって、天六苑は貧困ビジネス規制条例にもとづく施設として届け出されていました。同条例は法定外施設を対象とするものなので、市としては有料老人ホームの届け出指導をする必要がないと考えていた」

貧困ビジネス規制条例とは、大阪府の橋下徹元知事（現大阪市長）の肝いりで二〇一一年二月から始まった府独自のものだ。生活保護受給者に対して住まいと食事などのサービスを提供する事業者に届け出を義務づけるもので、本人が望めば契約をいつでも解除できることが保証されている。府内には保護費を搾取する「囲い屋」が跋扈し、契約解除を拒まれる例が多いことから、その対策として制定された。

天六苑も、府が「有料老人ホームにあたらない（法定外施設）」と判断していたことから、同条例の管理下に置かれていた。

ただ、住まいと、食事などのサービスの契約先は別法人ではあるものの、その実態は同一の経営者によるものであることがわかっている。本来は、老人福祉法による有料老人ホームとして届け出指導すべきだった。というのも条例の適用は「生活保護受給者のみ」に限られており、一般の高齢者には適用されないからだ。天六苑が「無届け・老人ホームもどき」であることに変わりはない。

そもそも条例を所管する大阪府社会援護課によれば、「施設の内容は届け出書面で確認するだけで、現地調査などはしていない」というのが実態だ。これでは無届け・老人ホームもどきの〝隠れ蓑〟になっているだけである。

大阪府に責任を問いただしたところ、有料老人ホームを所管する福祉部高齢介護室の担当者はこう弁解した。

「二〇一二年度から大阪市に有料老人ホームの事務所管が移ったときに、大阪府は業務引き継ぎで天六苑のことも情報として伝えていました。市として改めて有料老人ホームに該当するかどうか判断すべきだったと思います」

府も市も互いに責任をなすりあうだけだ。これでは何の問題解決にもならない。

生活保護を受けている世帯数は二〇一五年五月時点で全国約一六二万世帯にのぼるが、そのうち高齢者世帯の占める割合は約四九％ともっとも多い（保護停止中の世帯を除く、厚生労働省調べ）。大阪市の生活保護受給者は全国の政令指定都市でもトップの約一四万七八〇〇人（二〇一五年五月時点）で、市内には介護が必要になった生活保護受給者の〝受け皿〟をビジネスにする事業者の参入が後を絶たず、医療費や介護費の不正請求も増えている。その対策は待ったなしである。

府は、貧困ビジネス規制条例の実効性のみならず、老人福祉法に規定される有料老人ホームとどう整理をつけるのか早急に検討するべきだ。そうでなければ、同じ過ちが繰り返されるだけである。

もちろん府も市も、無届け・老人ホームもどきの届け出指導を徹底すべきなのは言うまでもないだろう。

見学を拒否する施設事業者

無届け・老人ホームもどきの指導をめぐっては、地域によって格差が生じているのも事実だ。日ごろから無届けの疑いがある施設をさまざまな手段を使って洗い出し、届け出指導を根気よく続ける自治体がある一方で、東京都などのように実態を把握しないまま、見て見ぬフリを決め込むところもある。

神奈川県は全国でも有料老人ホームの多い地域だが、無届け・老人ホームもどきの一掃にもかねてより力を入れてきた。住民や介護関係者などから情報が寄せられると、まずは実態を把握するために届け出を促す文書を事業者に送付し、それへの反応を確かめてから指導方法を検討している。

「ときにはアポなしで現地に出向き、届け出するよう説得することもあります。疑義のある事業者に電話で問い合わせると、『うちは有料老人ホームではありません』と言い張るところが少なくありません。現場に行かなければ実情はわかりません」（高齢施設課）

事業者に納得してもらうまでに時間がかかる場合もあるが、何度も連絡をとりながら届け出につなげていくという。

別の自治体の担当者は、届け出指導の実情をこう述べる。

「内部の見学すら拒否する事業者もいます。初回から強硬に届け出を促すと、それ以降、連絡がとれなくなってしまうこともあります。何回も出向いて法令根拠などを示しながら説明すると、次第に話を聞いてくれるようになる。粘り強くやっていくしかありません」

有料老人ホームは一定の基準に達したところに自治体が「許認可」を与える事業ではなく、あくまでも「届け出」を求めているに過ぎない。素直に指導に従う事業者だけなら苦労しないが、そうでない場合には時間をかけて説得しなければならない。無届け・老人ホームもどきに対する指導は持久戦になることも多く、根気のいる仕事なのだ。

ちなみに「届け出制」となっているのは、高齢者の多様なニーズに応じた住まいをつくりやすくするため、民間事業者の創意工夫を尊重しているからだ。

とはいえ、対象が心身機能の低下した高齢者であることが多いため、劣悪な状況に置かれるリスクもある。そこで福祉的な観点から、いざというときに自治体が介入できるよう届け出を求めているわけだ。つまり届け出は、入居者保護を担保するために欠かせない手続きなのである。

【図表6】無届け・老人ホームもどきの多い自治体とその数(2013年度)

1	札幌市	194ヵ所
2	北海道	138ヵ所
3	旭川市	60ヵ所
4	沖縄県	43ヵ所
5	函館市	39ヵ所

*厚生労働省調べ(2013年10月末現在)、有料老人ホームの所管は都道府県のほか、政令指定都市や中核市など

北海道にもどきが多い理由

ただ、有料老人ホームの定義自体が曖昧なために、自治体が判断に迷うことも少なくない。たとえば、法令上はたとえ高齢者が一人であっても、食事や介護などのサービスを提供していれば届け出が必要となるが、「高齢者以外も」入居できるところをどう扱うかはかねてより課題となってきた。

図表6は、都道府県、政令指定都市、中核市のうち二〇一三年度に無届け・老人ホームもどきが多かった上位五自治体を示したものだが、札幌市をはじめ北海道勢が四ヵ所も占める。

なぜ、こんなに北海道にばかり集中しているのかと疑問に思うかもしれないが、これにはちゃんとした理由がある。

かつて北海道が一手に無届け・老人ホームもどきの指導を担っていた頃、高齢者以外を入居させる場合は、「有料老人ホームにあたらない（非該当施設）」と形式的に定義していた。そのため実態は高齢者向けでも、「年齢を問わずに入居できます」と謳い、届け出を逃れる事業者が増加した。

ところが二〇一三年五月、厚生労働省が「たとえ高齢者が一人であっても、食事や介護などのサービスを受けている場合は有料老人ホームとして扱うこと」という判断基準を示したことで情勢が変化した。

ちょうどその前年から政令指定都市や中核市も有料老人ホームの届け出事務や指導を担えるようになっていたため、それまで北海道が野放しにしてきた無届け・老人ホームもどきが一気に洗い出され、表面化したというわけなのだ。

「道が所管していた当時は有料老人ホームの定義が緩かったため、非該当施設の入居者から苦情がたくさん寄せられていても、法令根拠がないために『住まい』への立ち入りができず、思うように指導できないでいました」

札幌市で有料老人ホームを所管する介護保険課の担当者は、こう打ち明けた。

有料老人ホームの届け出事務・指導は都道府県等による自治事務なので、その判断は自治体の裁量に任されているのが現状だ。厚生労働省は、あくまでも技術的助言をする立場にとどまる。

だが、有料老人ホームの定義が曖昧であるため、明確化するよう自治体からの要望が相次いだだけでなく、過去には総務省から勧告が出されたこともあって、厚生労働省は何度か判断基準を示してきた。

ただ、それ自体も曖昧で、結局のところは自治体の判断に委ねられていた。そのため北海道のように独自に定義を緩くして、届け出指導に後ろ向きになる自治体が少なくなかったのだ。

筆者はその実態を、「安心して住み替えの出来る都道府県はどこか」(「文藝春秋SPECIAL」季刊秋号、2012年7月)や、「入ってはいけない！『老人ホームもどき』に騙されるな」(「サンデー毎日」2013年3月)などで取り上げ、自治体の指導力に格差が生じている実態や問題点をたびたび追及してきた。

その甲斐もあってか二〇一三年五月、ようやく厚生労働省はそれまでよりも踏み込んだ内容の判断基準を公表するに至り、これによって札幌市などのように無届け・老人ホームもどきを洗い出すきっかけにつながった。大きな前進である。

参考までにその内容を列記するが、なぜもっと早くに示さなかったのかと思うばかりである。

■二〇一三年五月に厚生労働省が示した有料老人ホームの判断基準（抜粋）

・共同住宅や寄宿舎のように複数の者が入居する施設で、老人とそれ以外の者が混在して入居しているものであっても、老人が一人でも入居サービス及び介護等サービスを受けている場合には、当該老人が利用している部分は有料老人ホームとして取り扱うこととなる。

・入居者に対して、入居サービス又は介護等サービスのいずれかの提供者がもう一方の提供者を紹介・斡旋するなどにより、入居等サービスと介護等サービスが一体的に提供されていることが認められる事業については、有料老人ホーム事業として取り扱って差し支えない。

届け出逃れの手口

無届け・老人ホームもどきの増加は、二〇〇六年四月から有料老人ホームの定義が変更されたことも影響している。

それまでは「高齢者を10人以上入居させ、食事を提供する施設」と定義されていたが、人数要件が撤廃されるとともに、提供するサービスも食事だけでなく、介護や生活援助（家事援助）、健康管理のいずれか一つでも提供していれば有料老人ホームとして届け出義務が生じるようになった。

介護保険制度が始まって以降、民家などを借りて要介護者を支援する「宅老所」のような形態が登場したほか、入居定員をあえて九人以下に抑えるなどして届け出逃れをする「類似施設」が増えた。それらのなかには質の悪いサービスを提供するところもあったが、法的根拠がないため自治体が思うように指導できないでいた。

そこで国は老人福祉法を改正して有料老人ホームの定義を広げ、類似施設などにも網をかけることで行政指導を可能にしたのだ。入居者保護のための見直しだった。

しかし、国の思惑どおりに届け出は進まなかった。自治体のなかには類似施設の把握もさることながら、届け出指導に二の足を踏むところが出てきたのだ。

法改正前は有料老人ホームを開設しようとする事業者に対し、あらかじめ協議を求め、ガイドライン（有料老人ホーム設置運営指導指針）に適合した施設をつくるよう指導していた。部屋の広さや備えるべき設備、有資格者の配置などが細かく規定され、一定の水準をクリアした有料老人ホームの開設を目指してきた。ところが法改正によって、ガイドラインに適合しないような既存施設までが届け出対象となったからだった。

「特に民家などを利用して運営しているものは、ガイドラインに適合させようとすれば大がかりな改修を伴う。現実にはできないことが多い。不適合施設の届け出を受け付けて、適合したものと同じ有料老人ホームとして扱うのは、公的に〝お墨付き〟を与えるようで抵抗がある」

某自治体の担当者はこうホンネを漏らしたが、同じような話は当時、多くの行政マンからも聞かされた。

同じ有料老人ホームでも、「介護付き」は規定の介護・看護職員を配置するなどして介護保険の「特定施設入居者生活介護（特定施設）」の指定を都道府県等から受けなければならないので、あらかじめガイドラインに沿った設備や運営を前提にした事業計画を立てる。

それに対し「住宅型」は、部屋を高齢者に貸し出し、介護や食事などを提供していれば該当する、いわば「介護付き以外の、その他大勢」の括りだ。ガイドラインに沿ったホームを運営するところもあれば、そうでないところもある。自治体にしてみれば、なし崩し的に指導範囲が広がることへの抵抗感がなかなか抜けなかった。

しかも、法改正によって届け出指導する対象範囲が広がったにもかかわらず、各自治体における有料老人ホームの担当職員数はほとんど変わらなかった。一人ないしは二人程度と心許ないところがほとんどで、他の業務も兼ねている場合が多かった。

加えて、「住宅型」の形態は、特別養護老人ホームなどのように法令で人員や設備、運営基準が定められているわけではなく、法的拘束力のないガイドラインでの規定に過ぎず強制力がない。あくまでも事業者に従ってもらうよう指導するだけだ。そのため類似施設の届け出指導に身が入らない自治体は少なくなかった。

一方、既存施設を運営する事業者側も、届け出にあたって自治体からさまざまな資料の作成・提出を求められるので面倒に思う。ガイドラインに従うよう指導されるとコストもかかるので、届け出を怠る例が散見された。

入居者保護を強化する目的で有料老人ホームの定義が拡大されたにもかかわらず、自治体側にも、事業者側にも届け出のインセンティブが働かなかったのである。この状況は基本的にいまでも変わっておらず、自治体によっては無届け・老人ホームもどきが放置されたままになっている例も多いのだ。

「たまゆら」の悲劇

無届け・老人ホームもどきが社会問題としてクローズアップされるようになったのは、

二〇〇九年に火災で多数の入居者が犠牲になった「静養ホームたまゆら」（群馬県渋川市、解散）の事件以降である。実はこれも、起こるべくして起きた火災だった。

その日は春先の寒の戻りで、厚手の掛け物が必要になるほど冷え込んでいた。三月一九日の深夜、就寝の支度をしていたケアマネジャー・小川町子さん（仮名）の携帯電話に突然、知人のヘルパーから連絡が入った。

「いますぐテレビをつけて。たまゆらが大変なことになっているわよ」

その声は震え、ただ事ではない様子がひしひしと伝わってきた。言われた通りにテレビのスイッチをつけると、見慣れた建物が真っ赤な炎につつまれている映像が目に飛び込んできた。火事を知らせるニュースだった。

「まさか、こんなことになるなんて」

小川さんはケアマネジャーとして入居者の一部を受け持っており、その安否を確認するため自家用車に飛び乗り、無我夢中で運転した。現地に到着すると、消防車が放水を終えた後だった。無惨にも建物の大半が焼失しており、辺りには焦げ臭さが充満していた。建物内から救出された入居者はすでに病院に搬送されており、一部の人は近くの特別養護老人ホームに避難していた。

鎮火は、日付をまたいだ午前一時一四分。火災発生から約二時間半後のことだった。四棟からなる木造平屋の「たまゆら本館」は全半焼し、最終的に要介護者七人を含む男女一〇人の入居者が死亡した。老人ホーム史上稀にみる大惨事となった。

＊＊＊＊

火災から約四年後の二〇一三年一月、前橋地裁は、入居者を一酸化炭素中毒などで死亡させたとして業務上過失致死罪に問われていた「NPO彩経会」（解散）の高桑五郎元理事長（当時八八歳）に対し、禁錮二年（執行猶予四年）の有罪判決を言い渡した（同年二月に刑確定）。入居者の喫煙を黙認していたほか、建物の一部にベニヤ板などを使用。徘徊防止のため夜間は出入り口を施錠するなどしていたため、「火災が発生すれば急速に拡大し、入居者の生命・身体に危害が及ぶことは予見できた」と裁判長は認定した。

「一〇人が亡くなった罪悪感があります。私の施設運営に対する心構え、大切な人間の命をお預かりしているという……。まず、それが欠けていた」

判決後に開かれた記者会見の席で、高桑元理事長はこう述べて謝罪した。

理事と職員はシロウトばかり

たまゆらには火災当時、「本館」に一六人、少し離れた場所にある「別館」に六人の計二二人が暮らしていた。その多くは介護の必要な高齢者で、ケアプランに基づいて訪問介護やデイサービスを利用していた。施設では食事や入浴、通院の付き添いなどのサービスが提供され、夜間の介護も担っていた。

ケアプランの作成には五人のケアマネジャーが関わっており、小川さんはその一人だった。担当していた入居者三人のうち、一人を火災で亡くした。

「いまでも事前に防ぐ方法がなかったのか、と考えることがあります。たまゆらは入居者が増えるにつれて部屋がベニヤ板で仕切られ、いつの間にか二間になっていることも珍しくありませんでした。理事長らが廃材などを使って日曜大工のごとく改築していましたから。万一、火事でも起きたら大変なことになると思っていました」

残念ながら、その予感は的中した。

施設の運営にも、かねがね危うさを感じていたという。たまゆらは開設当初こそ自立または軽度の要介護者を入居対象としていたが、次第に重度の要介護者や徘徊を繰り返すような認知症の高齢者が増えていったからだ。

「職員の受け入れ態勢や能力を考えることなく、対応の難しい要介護者をどんどん受け入れる様子に不安を覚えました。このままでは何が起きるかわからないので、一時は手を引こうと考えたこともあります。でも、私が何らかの歯止めになるかもしれないと思って、踏みとどまりました」

介護保険の訪問介護やデイサービスなどは法令で人員や運営などの基準が決められているが、たまゆら（施設）自体の運営は事業者に委ねられていた。介護の有資格者は一部いたものの、運営を中心に担っていたのは高桑元理事長の親族二人。介護の知識がない、いわば〝シロウト〟だ。日中は二～三人の職員が常駐し、夜間は一人で宿直していた。

サービスに問題があることは、入居者が利用していたデイサービス事業所の経営者も感じていた。

「オムツはいつもびしょ濡れ。夜間に取り替えられていないのか、おしっこでパンパンになっていました。デイサービスではオムツ交換と入浴から始めることも少なくなかった。とにかく施設ではろくに介護がされていない様子でした」

訪問介護はＮＰＯ彩経会の元理事（男性）が経営する事業所がおもに担っていたが、土日や祝日などは外部の訪問介護事業所が対応していた。前橋市内にある訪問介護事業所のヘルパー・佐藤孝子さん（仮名）はある朝、入居者の異変に気づいたが、そのときの施設側の対応に不信感を抱いたと話す。

「あれは冬場でしたが、サービスを提供するために居室に入ると、入居者の男性が口から泡を吹いており、呼びかけにも反応しませんでした。身体も冷たくなっていた。午前八時三〇分を過ぎているというのに、職員は居室の見回りすらしておらず、まったく気づいていなかった。駆け付けた救急隊員とやりとりしている最中も、職員は傍で落ち着かない様子で見ているだけでした」

さらに近所の男性は、こんな経験があったとも言う。

「道路で倒れている入居者を見かけたので施設に連絡したら、『いま食事を作っている最中で、人手がないから対応できない』と言われ、唖然《あぜん》としました。結局、私が救急車を呼んだのですが、その後に何の挨拶もありませんでした」

たまゆらの入居者のうち約半数は認知症を患い、徘徊を繰り返す人も多かった。夜中に山中を彷徨《さまよ》う入居者もいて、その度に職員は捜索にかり出された。なかには近所に勝手に上がり込んで食材を荒らす入居者もいたという。介護体制が手厚い施設でも対応に手を焼くような要介護者に、シロウトの職員が到底対応できるはずもなかった。

いつしか施設の居室には徘徊防止のために外側から鍵がかけられ、玄関も勝手に出入りできないよう閉じられた。避難口となるはずの食堂には、認知症の入居者が食材を荒らすのを防ぐため引き戸につっかい棒があてられた。火災時にはそれが原因で逃げ遅れた可能性が指摘された。

群馬県がついた嘘

尋常ではない施設の様子は、地元の介護関係者の間でも噂になっていた。火災が起きる数年前から群馬県には複数の苦情が寄せられ、ケアマネジャーから直接相談を受けた渋川市は、「無届け施設ではないか」と県に報告していたことも明らかになっている。

だが、群馬県はなかなか動こうとせず、ようやく施設への立ち入り調査を決め、「あと四日」というときに火災が発生した。悲運としか言いようがなかった。

たまゆらが有料老人ホームにあたるかどうかは、公判でも争点となった。防火管理がどこまで必要だったか判断するためだ。

消防法では建物の用途ごとに備えるべき設備などが規定されており、有料老人ホームはアパートなどの共同住宅に比べて厳しく規制されている。火災が起きたときに入居者が逃げ遅れるなどして甚大な被害につながりやすいからだ。

公判で検察側はたまゆらを「有料老人ホームにあたる」と主張していたが、高桑元理事長の弁護側は、「高齢者のみを意図的に集めていたわけではないので、有料老人ホームにあたらない」として対立していた。

たまゆら本館には当時、一六人の入居者がおり、うち六五歳以上の高齢者は一三人。その多くは要介護者で、施設が食事を提供するほか、通院介助などの支援をしていたのは先述のとおりだ。実態に照らせば有料老人ホームに該当するはずだが、群馬県はどういうわけか自らの判断を示さないままでいた。

しかし、二〇一三年の前橋地裁による判決では、「たまゆらは有料老人ホームとして行政指導や消防法令上の規制を受けるべき実態を備えていた」という判断が下された。そのうえで防火管理体制として、▽火災警報器の設置、▽避難訓練の実施、▽夜間当直職員の増員、の注意義務を怠っていたと指摘された。

たまゆらは無届けだったが、司法側から「有料老人ホームである」と判断されたのだった。

公判では行政機関の責任は問われなかったが、群馬県の有料老人ホーム担当部局と、消防や建築などの担当部局との連携がとられていなかったことも露呈した。建物の用途によって指導すべき内容が変わるため、三つの部局が連携して指導にあたるべきだが、それぞれがバラバラに動き、情報の共有もなかった。

さらに公判の過程では、県がメディアを欺いていた事実も発覚した。なんと火災前に、たまゆらに立ち入り調査していたというのだ。

県は火災直後の筆者の取材に対して、「たまゆらに出向いたことはなかった」（当時の介護高齢課長）と答えており、新聞やテレビなど大手マスコミにも同じように回答していた。

ところが公判では、県が火災の二年程前（二〇〇七年）に現地調査していたことが明らかになった。つまり、取材陣からの責任追及を逃れるために嘘をついていたのである。

この点について筆者が改めて県に確認したところ、その事実を認めたうえで、「当時の担当者に聞いたが、どう判断したのか記憶がないと言っている」（介護高齢課）と言い逃れした。

これに対し高桑元理事長は、「当時、現地調査を受けた後に元理事（男性）を通じて県に確認したところ、『有料老人ホームに該当しない』と聞いた。このまま続けていいのだと思った」と筆者の取材に答えている。

両者の言い分は異なるが、少なくとも県が火災前に立ち入り調査していたのは事実である。それなら、なぜ届け出指導をしていなかったのか。

「当時は有料老人ホームのガイドラインに適合しないものは、届け出を受理しない方針をとっていた」

群馬県介護高齢課の担当者はこう明かした。

つまり、たまゆらのような不適合施設は有料老人ホームとして認めず、そもそも届け出指導する気などなかったのだ。厚生労働省はたとえ不適合施設であっても届け出させるよう求めているが、守られていなかった。

県が立ち入り調査後に有料老人ホームとして届け出を促し、防火対策を指導していれば防げた惨事だったかもしれないと思うと、悔やまれるばかりだ。

この事実は筆者が週刊誌などで報道したが、公判をともに取材していた新聞社やＮＨＫなどのテレビ局はなぜかどこも取り上げなかった。火災直後に取材していた記者は異動しており、昔のことなので気づかなかったのだろうか。

いずれにせよ火災は、群馬県による〝不作為〟も一因となっていたことが明らかになった。

「介護で一旗あげる」ために東京へ営業

介護ビジネスに対する高桑元理事長の甘い考えが、甚大な被害をもたらしたことも事実だった。

そもそも介護事業への参画は、特別養護老人ホームの建設準備にたずさわったことがきっかけだったという。旧北橘《ほっきつ》村（現渋川市）の村長の誘いでたまゆら周辺に土地を確保していたものの、途中でトラブルに巻き込まれて身を引かざるを得なくなった。その延長線上に、たまゆらの運営があった。

「高額な施設に入れない生活困窮者を一人でも救いたかった」

元理事長は筆者の取材にこう答えた。

幼少の頃に里子に出されて居場所を見つけられなかった自らの生い立ちと、低所得者が置かれている不遇を重ね合わせているようだった。特別養護老人ホームの開設にたずさわれなかった悔しさを晴らしたい気持ちも垣間見えた。

その一方で新規ビジネスへの関心が高く、周囲には「介護で一旗あげたい」という意欲も見せていた。

複数の関係者への取材によれば、元理事長は儲け話をどこかで聞き付けては企画書を作成し、知り合いに資金提供を迫っていた。親族や知人などに借金を重ね、返済が滞ってトラブルになっている例も多かった。

実際に事業資金を貸した男性は、こう話す。

「高桑さんは会う度に新規事業の話を持ちかけてきました。その内容はコロコロ変わり、いつの間にか立ち消えになっているものも少なくありませんでした。彼はお人好しのせいか、とにかく他人に騙されやすい。筋の悪い人が集まってきて怪しげな儲け話を吹き込み、担ぎ出されてお金をつぎ込んでいました。都合が悪くなると逃げられ、借金だけが残ることも少なくないようでした」

たまゆらの運営も、知人の介護関係者から提案されたものだった。

「東京都内の自治体は、介護が必要な生活保護受給者の受け皿がなくて困っている。アパートを建てて食事や介護を提供すれば、確実に入居者は集まる」

元理事長はこう聞くと、すぐさま知人を介して都内の自治体に営業に出かけた。なかでも墨田区からは、「すぐにでもお願いしたい」と歓迎されたという。

たまゆらの入居費（生活保護受給者向け）は、同区のケースワーカーからの提案だった。一時金なしで、月額費用は八万四七〇〇円（食費込み）。一般の入居者向けには、元理事長が月九万八〇〇〇円（同）と決めた。いずれも都内の有料老人ホームの相場からすれば破格値だった。

全国的に介護が必要な高齢の生活保護受給者は増える一方だが、特別養護老人ホームなど公的な施設の空きはなかなか見つからず、民間の有料老人ホームなどが受け皿になっていることが多い。だが、都内は高額であるため、入居費が安い関東周辺に受け皿を求める自治体もある。

本来は「居住地保護」の原則があるため、施設が所在する市町村への移管手続きが必要となるが、東京都内の自治体は紳士協定で移管せずに保護費を支給することになっている。安価なたまゆらは、墨田区にとって〝都合がいい施設〟だったのである。

たまゆらが同区の生活保護受給者を受け入れ始めたのは二〇〇四年からだが、施設の収支が黒字だったのは短期間に過ぎず、借金の返済などで経営は火の車だったことが公判で明らかになっている。失礼ながら、高桑元理事長には経営の才覚がないのだろう。同区が提示した入居費で、そもそも収支があうはずもなかった。

しかも入居者への訪問介護は、NPO彩経会の元理事（男性）が別会社で運営する事業所が中心になって仕事を引き受けていた。ケアマネジャーは外部の事業所だったが、「できるだけ同社の訪問介護を使うよう依頼された」と前出のケアマネジャー・小川さんは話す。いわば〝囲い込み〟に近いものだった。

つまり、入居者へのサービス提供で得られる多額の介護報酬はこの元理事の会社の収入になるだけで、高桑元理事長のもとには一銭も入らなかった。さらに元理事への借金の肩代わりとして、無償で事務所まで提供していた。

たまゆらは開設当初こそ軽度の要介護者が中心だったが、関係者の話によれば、元理事の意向もあって重度要介護者の受け入れにシフトしていったという。

介護保険で決められている月あたりの利用限度額は、要介護度が重くなるほど使えるサービス量が増える仕組みとなっている。重度要介護者を受け入れることで、元理事は自ら経営する会社の収入増を見込んだわけだ。

これに対し高桑元理事長が経営する施設は、どんなに手のかかる入居者を受け入れても入居費は変わらない。それどころかオムツ代まで施設が負担していたので、重度の要介護者を受け入れるほど赤字になっていった。〝おいしいところ〟は元理事の会社に持っていかれ、高桑元理事長の借金は膨らむばかり。まともな運営ができるはずもなかった。

手のかかる高齢者を押し付けていた墨田区

さらに、たまゆらの杜撰な運営に拍車をかけたのが、生活保護受給者を送り込んでいた自治体だった。

「生活保護受給者のなかには素行の悪い人もいて、施設を途中で退去させられることもあります。たまゆらはそんな他の施設では受け入れを断られるような人でも、頼み込めば入居させてくれていたので助かっていました」

墨田区のケースワーカーはこう打ち明けた。

区は当初、要介護度の軽い人を紹介していたが、次第に徘徊を繰り返すような認知症の高齢者や、専門職でも対応の難しい精神障害者などを紹介するようになっていった。火災当時いた入居者二二人のうち、墨田区から紹介された生活保護受給者は実に一五人（約七割）にのぼっていた。

「過去に路上生活をしていた人も多く、共同生活になかなか馴染めなかった。乱暴な振る舞いや大声をあげて威嚇するなど、他の入居者に迷惑をかけることもしばしばでした」

高桑元理事長も、施設の職員が入居者の対応に手を焼いていたことを認めている。現場の能力をはるかに超える入居者を、墨田区はたまゆらに押し付けていたのだった。

それに対し元理事長も断ることなく、施設の収入を増やそうとベニヤ板などで部屋数を増やし、それが火災の被害を拡大させる原因となった。

経営者として未熟な元理事長の暴走に自治体が歯止めをかける機会はあったはずだが、逆に入居者のリスクを増大させるきっかけをつくってしまっていたと言える。群馬県のみならず、生活保護受給者を紹介していた墨田区などの自治体も、いわば〝共犯〟だ。その責任を痛感すべきだろう。

惨事が繰り返される恐れ

たまゆら火災を受けて厚生労働省は、全国の自治体に無届け施設の洗い出しと、届け出指導を徹底するよう要請した。その結果は毎年度、公表されるようになっている。たまゆらの悲劇が無届け・老人ホームもどきの指導強化につながったことは間違いなかった。

だが、残念ながら、事故の教訓を生かそうという意識は時間の経過とともに薄らいでいるのが現状だ。前述した東京都や大阪府などのように有料老人ホームの定義を独自に狭め、ろくに実態把握をしていなかった自治体すらある。

なかには石川県、福井県、鳥取県、徳島県のように、過去五年間に無届け・老人ホームもどきが一件も報告されていない自治体もあるが、果たして洗い出しそのものがきちんとできているのかすら疑わしい。届け出指導は前述したとおり時間や労力がかかるため、そう簡単に一掃できるとは考えにくいからである。

当の群馬県はたまゆら火災後、ガイドラインに適合しない施設であっても有料老人ホームとして届け出を受け付けるよう方針を改めたが、消防法や建築基準法に違反している施設は「届け出を受理しない」方針をいまだにとっている。

これは一見、厳しい対応に思えるが、実は逆で、違法施設をそのまま放置し続けることになるので好ましくない。たまゆらの惨事が繰り返される恐れがある。

そこで筆者は二〇一二～一三年にかけて、全国の都道府県と政令市に対し無届け施設の指導方針を独自に聞き取り調査した。その結果は**図表7**のとおりだが、消防法や建築基準法を順守していない施設の届け出を受け付けていないのは二三自治体（全体の約三四％）にのぼった。

【図表7】無届け施設の指導方針

都道府県	消防・建築違反の受け付け	ガイドライン不適合の受け付け
北海道	○	○
青森県	×	×
岩手県	○	○
秋田県	×	×
宮城県	○	○
山形県	○	○
福島県	○	○
茨城県	○	○
栃木県	○	○
群馬県	×	○
千葉県	○	○
埼玉県	○	○
東京都	○	○
神奈川県	○	○
新潟県	○	○
富山県	×	○
石川県	×	○
福井県	○	○
長野県	×	○
山梨県	×	×
静岡県	○	○
愛知県	○	○
岐阜県	○	○
三重県	×	○
奈良県	○	○
和歌山県	○	○
滋賀県	×	×
京都府	○	○
大阪府	×	○
兵庫県	×	○
鳥取県	○	○
島根県	○	×
岡山県	×	×
広島県	×	×
山口県	○	○
徳島県	×	×
香川県	○	○
愛媛県	×	○
高知県	×	×
福岡県	×	×
佐賀県	×	○
長崎県	○	○
熊本県	○	○
大分県	×	○
宮崎県	○	○
鹿児島県	○	○
沖縄県	○	○

政令市	消防・建築違反の受け付け	ガイドライン不適合の受け付け
札幌市	×	○
仙台市	×	×
千葉市	○	○
さいたま市	○	○
横浜市	○	○
川崎市	×	○
相模原市	○	○
新潟市	○	○
浜松市	○	○
静岡市	○	○
名古屋市	○	○
京都市	○	○
堺市	×	○
大阪市	○	○
神戸市	○	○
岡山市	○	○
広島市	○	○
福岡市	○	○
北九州市	○	○
熊本市	○	○

＊都道府県には2012年6月に、政令指定都市には2013年2月に聞き取り調査した結果（筆者調べ）

そのうちの一つである堺市（大阪府）に当時、理由を尋ねたところ、「法令に則っていないのに届け出を受け付ければ、ルール違反を認めてしまうことになります。火災など事故が起きたときに市も責任を問われるので受け付けることはできない」（高齢施策推進課）と説明した。あろうことか入居者保護よりも、自己保身を優先している。

まずは届け出を受け付けたうえで、消防部局などと連携しながら然るべき改善を求めていくのがたまゆら事件の教訓である。入居者にとって頼みの綱である自治体が手を引いては、救われる者も救われなくなってしまいかねない。

同調査ではガイドラインに不適合な施設の届け出を受け付けるかどうかも聞いたが、一自治体（全体の約一六％）は受け付けない方針をとっていた。厚生労働省はかねてより不適合であっても届け出を受け付けるよう求めているが、現場は改善されていなかった。

同調査から三年後の二〇一五年三月、既存建物の活用で部屋の広さや廊下幅などがガイドラインに適合しなくても届け出義務があることを厚生労働省は改めて自治体に通知するとともに、代替の方法をとるほか、改善計画を作成して入居者に説明するなどの措置を講じれば、必ずしもガイドラインに適合させなくてもよいとするなどの内容を盛り込んだ新ガイドラインを公表した。同年七月から各自治体での運用が始まっている。

筆者がこれまで追及してきたことが反映された内容となっているが、肝心なのは自治体がいかに現場の実態に照らした指導ができるかだ。

届け出をしている有料老人ホームでさえ、サービス内容や一時金の返還をめぐるトラブルなどが絶えないのが現状である。昨今は介護で儲けようと安易な気持ちで参入してくる事業者も増えている。無届け・老人ホームもどきを放置したままでは、入居者が虐待や火災などの被害に遭うリスクが高まるだけだ。

厚生労働省が公表する無届け・老人ホームもどきの数は氷山の一角にすぎない。まだまだ野放しになっているものはたくさんある。自治体は過去の痛ましい教訓を忘れることなく、無届け・老人ホームもどきの指導を徹底していくべきだ。二度と惨事を繰り返してはなるまい。

第四章

家族の弱みにつけ込む「看取り」ビジネス

――救急車を呼ばず延命措置もしないワケ

続出する胃ろう難民

病気や老化によって意思の疎通ができなくなったときに備え、「どんな治療を、どこまで望むのか」を、元気なうちに考えておこうとするシニア世代が増えた。「尊厳死」や「平穏死」をテーマにした書籍がヒットした影響もあるのだろう。終末期に受けたい医療や介護などを書き記す「エンディングノート」の人気も高まるばかりだ。

しかし、どんなに望んだところで、思いどおりにならない場合もある――。

前向きな気持ちをいきなり削《そ》ぐようで恐縮だが、東海地方に存在する通称「胃ろうアパート」の取材を始めてからこう思い知らされた。口から食べられなくなった胃ろう患者を集め、思いもよらなかった巧妙な手口で公的保険から多額の報酬を搾り取る事業者だ。

ここにはわが国の医療・介護政策の課題が凝縮されており、いまだに根本的な解決に至らないまま放置されている。

これから紹介するのは二〇〇九年から一一年にかけて起きた出来事が中心になるので、やや古いと思われるかもしれない。だが、この間の事業者に対する行政指導の実態をご覧いただくことで、介護ビジネスの課題がおわかりいただけるのではないかと思っている。

一時は国会やNHKなどの大手メディアでも取り上げられ、社会的にもクローズアップされたので、すでに問題は解消されたと思っている読者も多いかもしれない。

ところが、二〇一五年の現在も、胃ろうアパートは当時と変わらないまま存在し続けているのだ。

以下、なぜ野放しにされたままなのかをつまびらかにしていこう。これは生活保護費を搾取する貧困ビジネスではない。いつ我が身や家族に降りかかるかもしれない問題なのである。

＊＊＊＊＊

筆者が胃ろうアパートの存在を知ったのは、二〇〇九年秋に取材で訪れた、有料老人ホームの施設長からの情報がきっかけだった。

「名古屋市内や周辺に、胃ろうの要介護者ばかりを集めている事業者がいる」

胃ろうとは病気などで口から食べられなくなったときに、腹部に手術で小さな穴を開け、そこからチューブで栄養を補給する方法だ。経管栄養法の一種である。

ちなみに、胃ろうの「ろう（瘻）」とは「孔《あな》」という意味だ。お腹に〝第二の口〟を造る、と考えてもらうとわかりやすいかもしれない。

元々はアメリカで病気の子ども向けに開発され、当初は全身麻酔による開腹手術で造らなければならなかった。それが内視鏡を使って、短時間で胃ろうを造る手術法（経皮内視鏡的胃ろう造設術＝Percutaneous Endoscopic Gastrostomy、略して「ＰＥＧ」）が誕生したのを機に一気に普及した。

経管栄養法には、鼻からチューブを入れて栄養を補給する「経鼻経管栄養（鼻腔栄養）」もあるが、本人の不快感が大きく、チューブを引き抜いてしまうのを避けるため、ミトンの手袋をはめたり、手を縛ったりするなどの身体拘束につながることも少なくなかった。

その点、胃ろうは管理が容易だ。一日二〜三回、栄養剤を注入するときだけチューブを穴につなぎ、終われればチューブを外せるので本人は自由に動けるし、入浴もそのまま可能となる。経鼻経管栄養のような不快感もない。

そのため一九九〇年代頃から特別養護老人ホームなどで使われる機会が増えていった。正確な統計はないが、全国には現在、四〇万〜五〇万人の胃ろう利用者がいると言われている。

特に二〇〇〇年代に入ってからの造設件数の増加が著しく、厚生労働省のデータから筆者がその推移を独自に調べたところ、二〇〇二年には月四五〇〇件程度だった手術件数が、二〇〇七年には月約八八〇〇件と、五年間で約二倍になっていた。そのほとんどが、介護の必要な高齢者に行われたものである。

胃ろうの急激な増加には、別の理由もあった。

当時は二〇〇六年度に断行された医療制度改革の真っ只中で、自民党・小泉純一郎首相が率いる政府・与党は、社会保障費の削減を目的に、急性期病院における「入院日数の短縮化」を急速に推し進めていた。

高齢化などで年間約一兆円ずつ増え続ける医療費を削減するため、急性期病院での入院にかかる診療報酬（医療費）を、入院期間が短くなればなるほど高くし、逆に長期化した場合は大幅に引き下げた。こうすることで早期退院への誘導をはかっていたのである。

その結果、脳卒中などで一時的に食事ができなくなった高齢患者に、胃ろうの造設を勧めて早期に退院を促す病院が相次いだ。

一方、胃ろう患者の受け皿となるはずの長期療養が可能な「療養病床（医療療養病床と介護療養病床）」も医療制度改革によって削減・廃止が進められ、狭き門となっていた。

療養病床は当時、医療保険対象の「医療療養病床」が二五万床と、介護保険対象の「介護療養病床」が一三万床の計三八万床あったが、国は二〇一一年度末で介護療養病床を廃止することを決定（その後、二〇一七年度末まで廃止を延期）。医療療養病床は一五万床にまで削減する方針を打ち出すと同時に、比較的軽症の患者が入院する場合の報酬を大幅に引き下げたため、胃ろう患者の受け入れを渋るところが増えていた。

胃ろう患者の受け皿としては、他にも費用の安い公的な「特別養護老人ホーム」もあるが、どこも待機者が列をなし、すぐには入れない。空きがあったとしても、胃ろうは医療行為を伴うため、看護体制が手薄である特別養護老人ホームでは受け入れ人数に制限があった。

そのため行き場のない「胃ろう難民」が続出し、民間の有料老人ホームなどに受け入れ要請がなだれ込む事態が生じていた。

それにしても「胃ろう専門」に受け入れる事例は、それまで聞いたことも見たこともなかった。とにかく行って確かめるしかない——。こう思ったのが、胃ろうアパート取材の始まりだった。

やたらと多い小窓のワケ

目当てのアパートは、名古屋市の中心部から電車で二〇分ほどの場所にあった。

事前にホームページなどで情報を収集したところ、F社（名古屋市）が運営していることがわかったので取材を申し込んだが、案の定、断られた。そのため一般の見学者として潜入取材しようと考え、現地に出向いた。

住宅街の一角にあるアパートは五階建てで、新築してから間もないように見える。やたらに小窓の数が多い以外に、とりたてて印象がある外観ではない。建築費をかけていない安普請の老人ホームにありがちな簡素なつくりである。

ピンポーン——。

玄関先のインターホンを押すと、しばらくしてスタッフらしき女性が出てきたので見学を申し出た。

「親の施設を探しているのですが、見学させてもらえませんか？」

スタッフは一瞬戸惑った表情を見せると、すぐさま「事前に予約を入れてからにしてください。今日は、見学担当のスタッフがおりませんので……」と断ってきた。突然の来訪者に、警戒心を抱いている様子がアリアリと伝わってきた。

一般に老人ホームを見学する場合は事前予約が望ましいが、ホーム側の都合さえよければ、予約がなくても受け入れてくれる。ただ、悪質なホームであればあるほどガードが固いので、簡単には見学できないことが少なくない。

アパートが後にメディアで話題になってから、筆者の知り合いである複数の記者が潜入を試みたが、ことごとく断られたようだ。それだけ見られては都合の悪いことがあるのだろう。

「病院から退院を迫られていて急いでいるんです。少しだけでもいいので、何とか見せてもらえませんか。後日、見学担当者がいらっしゃるときにまた来ますので……」

とにかく食い下がるしかないと考えてこう訴えたところ、スタッフは渋々ながらも見学を承諾してくれた。まずは、〝第一関門〟の突破だ。見学担当者が不在だったことが、かえってよかったのかもしれない。ラッキーだった。

建物のなかに入ると、来客用のスリッパに履き替えるよう求められた。玄関の近くに「面会者名簿」が置いてあったので、さり気なく目をやると、その日は朝から数人の家族が面会に来ているようだった。

スタッフに案内され、エレベーターで入居者の部屋がある上階に向かおうとしていた矢先のことだ。ストレッチャー（担架）に乗せられた入居者と出くわした。

「これから入浴なんです。うちでは週二回、看護師とホームヘルパーの三人一組で入浴介助をしています。一階には、寝たままで入浴できる機械浴槽もあるんですよ」

スタッフがこう説明する前を、ヘルパーら職員はストレッチャーを移動させながら無言で通り過ぎていった。たんたんと仕事をこなしている印象だ。

入居者の部屋は二階から五階にあり、すべて個室。定員は三六人だという。廊下を挟んだ両側に、小さな箱のような部屋がずらりと並んでいた。

「いまは六部屋、空きがあります。最近、体調をくずして亡くなった人が続いたものですから……」

モノ音ひとつしない廊下に、スタッフの声が響いた。

案内された部屋の広さは四・五畳くらいで、トイレも洗面所もなかった。灯《あか》りとりの窓がかろうじてあるだけだ。外から見えた多数の小窓はこれだった。

部屋のドアは開けっ放しにされているので、廊下から入居者の様子が丸見えとなっている。どの部屋にも口を半開きにした高齢者が、うつろな表情を浮かべてベッドに横たわっていた。まるで病院にいるような錯覚に陥る。

「うちは口から食べられなくなった要介護者を対象にしているので、食事は提供していないんですよ」

スタッフによれば、入居者は胃ろうの要介護者に限られ、病院から退院してきた患者をおもに受け入れているとのことだった。筆者が有料老人ホームの施設長から聞いた情報は正しかった。しかも、食事が出されることはないという。

たしかに胃ろうは口から食べられなくなったときに使われるものだが、プリンやゼリーなどを楽しみ程度に口にできる場合はある。胃ろうからの栄養補給と口から食べるのを併用している例もあるくらいだ。もちろん人によっては症状が改善する場合だってある。それなのにアパートでは一切、食べるための支援はしていなかった。

救急車を呼ばず延命措置もしない

さらに驚いたのは、一方的な契約の数々だ。

介護保険の「要介護5」の認定を受けていることが入居条件で、アパートの賃貸契約とは別に、系列の訪問介護・訪問看護事業所との契約も迫られた。それらサービスの利用計画書であるケアプランの作成は、これまた系列の居宅介護支援事業所（ケアマネジャー）を利用しなければならなかった。

しかもアパートには週三回、系列のクリニックから医師が訪問しており、その在宅医療（訪問診療）も入居者は利用することになっていた。

いずれの事業所もアパートとは別の場所にあるが、ヘルパーと看護師はアパートに常駐して入居者にサービスを提供しているので、外から見れば職員が常駐する介護付き有料老人ホームのように見える。だが、契約形態は「自宅」と同じ扱いだ。

本来は利用者がサービスの種類や事業所・医療機関を選べるが、このアパートでは選択の余地は一切なかった。在宅医療に至っては、医師の診断を受けているわけでもないのに「週三回の利用」と勝手に決められている始末である。

昨今はサービス付き高齢者向け住宅などで入居者を併設・系列の訪問介護やデイサービス事業所で囲い込む例が増えているが、ここまであからさまな例は珍しい。

スタッフが次に発した言葉には、唖然とするしかなかった。

「うちでは看取りもやっていますから、最期までいられますよ。ただ、症状が急変しても病院には搬送していません。心臓マッサージなどの延命措置もしません。もし入院させたいなら、ご家族で救急車を呼んでもらうことになります。ここはあくまでも入居されている方の『ご自宅』になりますので、ヘルパーや看護師は救急車を呼べないんですよ」

在宅医療では病状の急変時に医師が駆け付けるか、医師の指示を受けた訪問看護事業所が対応することもできる。アパートには看護師が常駐しているので、医師の代わりに対応しているのだろう。

ただ、病状によっては入院して集中的な治療を受けることで、症状が改善することもある。在宅医療に取り組んでいる医師に聞くと、特に「老衰」は末期だと思っても症状が改善して数年単位で生きる人もいるなど、終末期の判断や予後予測は難しいという。

にもかかわらずアパートでは、入院治療を選択する余地はなかった。しかも「ヘルパーや看護師は救急車を呼べない」というデタラメな説明をしている。

要するに、病院に搬送すると事業者やクリニックが介護保険や医療保険からの報酬が得られなくなるので、それを阻止するためにアパートでの看取りを強要しているわけだ。

筆者はこれまで数多くの老人ホームや悪質事業者を取材してきたが、これほどまでに一方的な都合を入居者に押し付ける事例は後にも先にも初めてだった。

公的制度を知り尽くした手ごわい事業者

入居費用などの詳しい説明は見学担当のスタッフから聞くように言われたので、筆者は日を改めてアパートをふたたび訪ねた。今度は、事前に予約をしてから出かけた。

「弊社のことは、どこでお知りになったのですか？」

挨拶もそこそこにスタッフの女性から、いきなりこう問い詰められた。やはり、突然の来訪だった筆者を不審がっているようだ。

「○○病院から紹介されまして……」

筆者は一度目の見学後、どこの病院から入居者を紹介されているか情報収集していたため、咄嗟《とっさ》に答えることができた。

アパートは当時、病院で患者の退院支援を担っている相談員（ソーシャルワーカー）を中心に営業していた。早期に患者を退院させたい病院にとって、胃ろう患者を引き受けてくれるアパートは重宝がられていたようだ。

スタッフは日ごろから付き合いのある病院の名前を筆者から聞いて安心したのか、いきなり態度が和らいだ。内心、筆者もほっとした。ここで怪しまれたらアウト。取材が中断することになるからだ。二度目の訪問となる今回は、何とかして入居費用やサービスの実態を把握したかった。

スタッフから聞いた具体的なサービス内容はこうだ。一日三回、看護師（訪問看護）が各部屋を訪問して胃ろうでの栄養を補給するほか、一日一回はホームヘルパー（訪問介護）がオムツ交換や体位交換などを行う。さらに週二回は、機械浴槽を使った入浴介助も提供している。

本来はケアマネジャーが入居者や家族の要望を踏まえたうえで、サービス内容や回数を決めるのが筋だが、ここでは最初からすべて事業者によって決められていた。〝お仕着せのケアプラン〟だ。

さらに介護保険のサービスとは別に、「家族会」と称する独自の組織からも介護サービスが提供されるという。介護保険には要介護度ごとにサービスの利用限度額が決まっているが、「それだけでは足りない」という理由からだった。

入居費用は月額一〇万六〇〇〇円程度。その内訳は、アパートの家賃が五万四〇〇〇円、共益費が一万六八九〇円、「家族会」の会費（保険外の介護サービス費用）が一万五〇〇〇円、さらにオムツ代や職員が使う手袋などの消耗品代が二万円前後（利用した数量によって異なる）である。

このほかに介護保険の一割負担分として月約三万六〇〇〇円がかかる。「要介護5」の利用限度額をめいっぱい利用した金額だ。すべて足し合わせると月額一四万円程度。入居時には礼金一〇万八〇〇〇円と保証金五〇万円（退去時に返還）も払わなければならないが、民間の有料老人ホームの相場からすると比較的安い方だ。

ちなみに在宅医療の費用は、「月一万二〇〇〇円になります」とスタッフから説明された。週三回の診療があるとは聞いたが、診断を受ける前から料金がわかっているのは明らかに不適切である。

月一万二〇〇〇円というのは、七〇歳以上（一般所得者、在宅医療を含む外来の場合）の「高額療養費制度」の自己負担額の上限を指す。公的な医療保険には高額な医療費を軽減する同制度があるので、どんなに医療費がかかっても負担は一定額で済むようになっている。

しかし、医療費の総額がわからないのに、先に上限額を示されるというのもおかしな話である。何かウラがあるとしか思えない。この疑問は後で解けることになる。

さらに、スタッフはこう口添えした。

「市に申請すれば、特別障害者手当として月二万六〇〇〇円ほどが支給されます。これでオムツ代くらいは賄えますよ」

特別障害者手当とは、身体障害者に国が支給する手当のことだ。所得制限はあるものの、医師の診断書などを添えて市町村に申請し、認められれば毎月支給される。意外に知られていないが、身体障害者だけでなく、寝たきりなど日常生活を送るのが困難な在宅の要介護者も対象になる。

たしかに家族にとっては費用軽減にはなるが、事業者はこの制度を知ったうえでオムツ代や手袋などの消耗品代を約二万円と設定しているのだろう。親切を装いながら、ピンハネしているのと同じだ。

それにしても、ここまで公的制度を知り尽くした事業者はなかなかいない。手ごわい取材相手になることを確信せざるを得なかった。

家族の弱みにつけ込む手口

アパートの思いもよらない「費用のカラクリ」を知ったのは、入居者・Aさんの成年後見人だった山田隆司さんとの出会いが発端となった。「NPO東濃成年後見センター」(岐阜県多治見市)の事務局長で、社会福祉士として認知症などで判断力が低下した高齢者の契約行為や金銭管理を、本人に代わって行っている専門家だ。

取材活動を続けていると、ときどき偶然のめぐり合わせに驚かされることがあるが、まさに今回もそうだった。

名古屋での潜入取材を終えて間もなく、たまたま岐阜県土岐市で関連のシンポジウムが開催されると知って取材に駆け付けたが、そのシンポジストの一人が山田さんだったのだ。

ホームページなどによると、F社は愛知県内だけでなく、隣接する岐阜県内でも事業を展開しており、二〇〇九年時点で一〇ヵ所以上のアパートに約二〇〇人の入居者がいた。特に二〇〇七～〇八年に新規開設が相次ぎ、地元のケアマネジャーや病院関係者などの間でも「サービス内容が不適切ではないか」と噂になっていた。

シンポジウムでは二〇〇六年度の医療制度改革による現場への影響を中心にディスカッションが繰り広げられ、山田さんは入居者の成年後見人かつ社会福祉士の立場からアパートのサービス内容について問題提起をしたのである。

当時、山田さんが担当していたAさんは八〇歳。肺炎をきっかけに鼻からチューブで栄養を補給する経鼻経管栄養を病院で付けられ、退院を迫られて土岐市内にあるF社のアパートに入居した。紹介したのは病院の相談員(ソーシャルワーカー)だったという。

当初は弁護士がAさんの成年後見人をしていたが、途中で辞退したことから、二〇〇九年二月から山田さんが引き継いだ。それを機に、F社の悪質な手口や不正が次々に明らかになっていった。

その一つが、在宅医が作成した「同意書」だった。

アパートの入居者には、F社の提携クリニックから在宅医療が提供されるが、事前に次のような書面に署名するよう家族に求めていたという。


「病院への搬送ですが、医療上では終末期という状態と思われますので、たとえ搬送しても改善は非常に困難である可能性が高いということをご家族が理解されていると判断させていただいております」


持って回った言い方なのでわかりにくいが、つまりは病院への搬送を阻止し、アパートでの看取りを強要しているのである。

筆者が潜入取材した名古屋市内のアパートで、「救急搬送はしていない」とスタッフから説明を受けた内容と合致する。

「病状の悪化にはさまざまな状況が考えられるのに、一律に『終末期』と決め付けるのはおかしい」

山田さんはこう声を荒らげる。

胃ろうや経鼻経管栄養を利用しているからといって、すべてが終末期とは限らないことは先に述べたとおりだ。症状によっては治療で改善する可能性もあるかもしれないのに、軽々に終末期と判断することでその機会を奪ってしまう可能性だってある。家族にすれば、医師の言葉は重いので受け入れてしまう場合もあるだろう。

さらに、F社が作成した「承諾書」も酷い内容だった。そこには家族の都合で病院に入院させた場合に、アパートからの退去が命じられていた。

賃貸契約は民法によって、貸し主の一方的な都合で契約解除できないことになっているが、そんなことはお構いなしである。

承諾書にはこのほか、アパート内で「ベッドからの落下」や「容態の急変」「持ち物の汚損・破損」などが発生したとしても、F社が損害賠償しないことも記されていた。

もちろんこれら書面に法的な効力はないが、胃ろう患者を受け入れてくれる先がない家族にとっては、たとえ理不尽に思っても署名せざるを得ない。F社は家族が介護できない弱みにつけ込んでいるわけだ。卑怯なやり口としか言いようがない。

寝かせきりの弊害

ケアの内容も酷かったようだ。山田さんがAさんに桜の花を見せてやりたいと外出を申し出ても断られ、部屋から一歩も出られなかったという。

「外出できない理由を尋ねても、ヘルパーや看護師は『できない』と言うばかりでした。アパートは自宅であるにもかかわらず、行動を制限されている。ほかにもベッドから起こすこともなければ、トイレ介助もしようとしない。果たしてこれが看護・介護といえるのでしょうか」

山田さんが憤るのももっともだ。

Aさんは一日中、ベッドに〝寝かせきり〟にされ、排泄はオムツにおしっこや便を垂れ流すだけ。ポータブルトイレさえ置かれていなかった。

安静時は別として、〝寝かせきり〟は心身に与えるダメージが大きい。筋力の低下や関節の拘縮《こうしゅく》を発生させやすいだけでなく、認知症を悪化させる恐れもある。また、臥床状態が長く続いていると心臓の機能が低下し、無気肺や肺炎を引き起こしやすいともいわれている。

そもそも介護業界では寝かせきりが不適切なケアであることは、かなり前から周知されており、一九九一年には旧厚生省が「寝たきりゼロへの10ヵ条」を作成している。その第2条には、「寝たきりは　寝かせきりから作られる　過度の安静　逆効果」と、はっきり謳われているくらいだ。

当時は老人病院で高齢患者を点滴などで薬漬けにし、寝かせきりにしている問題がクローズアップされていた時代である。その反省もあって介護保険制度では、要介護者の「尊厳の保持」と「自立支援」が目的として掲げられている。

病気や障害などで介護が必要な状態になっても、個々人の能力に応じて自立した日常生活を送れるよう支援することが、サービスを提供する専門職に求められているのだ。たとえ要介護状態であっても、専門職はできるだけその軽減や悪化の防止に努めなければならない。

特に排泄に対する支援は重要で、安易なオムツの利用は、高齢者の尊厳だけでなく、生きる意欲さえ奪うこともある。寿命を縮めることにもなりかねないのだ。

アパートでは胃ろうなど経管栄養であることを理由に食事を一切提供していないが、これも自立のチャンスを奪っているといっていい。その証拠に、Aさんは山田さんの支援によって、ふたたび口から食べられるようになった。

「アパートでの面会を繰り返しているうちに、『もしかしたらAさんには飲み込む力が残っているのではないか』と思ったのです。話しかけると少しですが喋ることができ、唾を飲み込んでいる様子も確認できました」

山田さんは以前にケアマネジャーとしても活躍しており、多くの要介護者と接してきた。そうした経験からAさんが回復できる可能性があると見込み、病院で摂食・嚥下《えんげ》リハビリテーションに取り組んでもらうようにしたところ、間もなくして口から食べられるようになったという。山田さんの見立ては見事に的中したわけだ。

その後、アパートを引き払ってAさんを特別養護老人ホームに入居させたが、ベッド上で座位を保つことも可能となり、日中は車いすに座って過ごせるようになったという。専門職の関わり方によって、これだけの違いが出てくるのである。

在宅医の終末期という判断が、いかにいい加減なのかがおわかりいただけるだろう。

拙速な国策のツケ

山田さんはF社の費用請求にも疑問を抱いた。Aさんは「要介護5」の認定を受けているので、介護保険の利用限度額である月約三六万円までのサービスを原則、一割負担で利用できる。めいっぱい使った場合の自己負担は、月約三万六〇〇〇円だ。

前述したように、アパートでは一日三回、看護師（訪問看護）が入居者の部屋を訪問して、胃ろうによる栄養補給を行っているほか、一日一回、ヘルパー（訪問介護）によるオムツ交換や体位交換なども行われている。

実は、これらにかかる費用をすべて足し合わせると、月三六万円を優に超えてしまう。

もちろん利用限度額を超えてもサービスを使うことはできるが、超えた分は全額（一〇割）が自己負担になる。山田さんの計算によれば、介護保険の一割負担分とは別に、Aさんは月約二四万円を余計に支払わなければならないはずだった。

ところが、請求書のどこを探してもそのような請求は見当たらなかった。

「アパート側が損を被っているのか？　いや、そんなはずはない。何かウラがあるはずだ」

山田さんはこう考えて過去の請求書を丹念に調べ上げたところ、思いもよらない〝カラクリ〟に気づいた。それは訪問看護費用の特殊な請求ルールを利用したものだった。

看護師が自宅を訪問して療養上の世話や診療の補助行為をする訪問看護は、患者の主治医がその必要性を認めた場合に利用でき、事業所に対して医師から「訪問看護指示書」が交付される。

訪問看護は介護保険だけでなく、医療保険でも提供されるが、年齢や疾患などによってどちらを利用するかが決まっている。要支援・要介護者は、介護保険を利用するのが原則だ。ケアマネジャーが作成するケアプランに位置づけたうえでサービスを利用する。要介護度ごとに決められた利用限度額の範囲内であれば、自己負担は原則、一割だ。

ただし、例外規定があって、「急性増悪《ぞうあく》時（容態の急な悪化）」や「終末期」などの場合は、一ヵ月あたり「最大一四日間」に限って医療保険を使うことができる。この分は介護保険とは別に利用でき、自己負担は年齢によって一〜三割となる。

主治医が「特別訪問看護指示書」（以下、特別指示書）を作成し、訪問看護事業所に交付すれば手続きは完了だ。患者は何もする必要はなく、後で事業所から請求される費用（医療保険適用分）を払うだけでいい。

つまり病状が安定しているときは介護保険の利用を原則とするが、医療上の処置が必要な状態になったら、主治医の判断で医療保険への切り替えが可能となっているわけだ。

もうお気づきかもしれないが、F社はこのルールを利用し、介護保険の利用限度額を超えた分の訪問看護費用を医療保険に付け替えていたため、保険外の費用（月約二四万円）を請求していなかったのだ。

医療保険には高額な医療費を軽減する「高額療養費制度」があるので、どんなに医療費がかかっても負担の上限額が決められている。先に説明したとおり、七〇歳以上の一般所得者であれば月一万二〇〇〇円（在宅医療を含む外来の場合）が最大だ。

山田さんが過去に遡って請求書をチェックしたところ、いずれの月もきっちり「一四日分」が医療保険に付け替えられていたという。患者にとっては費用負担が軽くなるので助かるように思えるが、山田さんはこう指摘する。

「Aさんは容態が急変したこともなければ、終末期でもありません。公的保険のルールを悪用した不正請求にあたるのではないか」

もし本当にAさんの容態が悪化していたのであれば、在宅医もしくはF社から成年後見人である山田さんに一報があるはずだが、一度も連絡を受けたことはなかった。実際、Aさんの病状は安定しているばかりか、先に紹介したとおり口から食べられるまでに体調が回復している。終末期とはいえないことも明らかだった。

疑問に思ったら、とことん突き詰める山田さんである。Aさんにかかっている公的保険の費用を計算すると、医療保険分が月約五五万円（薬剤費を含む）、介護保険分が月約三八万円（介護保険から全額給付されるケアプラン作成費なども含む）の計月九三万円（自己負担分を含む）にものぼっていることがわかった。

二〇〇六年度の医療制度改革では療養病床の削減・廃止が決められたが、患者一人あたりの療養病床の費用は月四〇万～五〇万円程度である。胃ろうアパートでは、ほぼ倍の費用がかかっていることになる。

「国は『療養病床は医療費がかかり過ぎる』という理由で患者を病院から追い出したのに、在宅医療・介護を利用するアパートではそれ以上に費用がかかっているなんておかしい。しかもF社は多額の公費を使いながら、入居者を寝かせきりにしています。飲み込む力がある高齢者に食事を提供しようともしない。こんなことが許されていいはずがない」

山田さんは厳しい口調でこう指摘したが、もっともだ。

国は医療費削減を目的に療養病床の削減・廃止を決め、その代わりに費用の安い在宅医療・介護への移行を進めているが、現実には在宅の方が費用がかかり、多額の公金が吸い取られているのである。まったく皮肉な話としか言いようがない。

在院日数の短縮化で病院への圧力を強め、受け皿を確保しないまま拙速に療養病床の削減・廃止を決めた国策のツケがもたらした結果でもある。

相次いだ不正請求

もちろん保険請求のルールを逸脱しているのだとしたら、まず問われるべきはF社である。そもそもどういう筋の事業者なのか。

自治体や関係者などへの取材によれば、同社は医療・介護のコンサルティング業を名乗っているが、主たる事業は胃ろうアパートのような高齢者住宅の運営だ。

創業者はもともと中古車販売のディーラーで、四〇代のやり手だったという。

F社の設立は登記簿上では二〇〇四年となっているが、介護ビジネスに乗り出したのはかなり早く、介護保険制度が始まって間もない二〇〇一～〇二年頃からだったようだ。すでにこの頃からアパートに病院からの退院患者を受け入れ、訪問介護・看護サービスを提供していた。

当時は胃ろう患者だけに限っていたわけではないが、「囲い込み」のビジネスモデルはすでに確立しており、在宅医療を提供するクリニックも入り込んでいた。

地元での評判は、決していいわけではなかったようだ。当時の事情を知る人は、「以前からオムツにおしっこや便を垂れ流しさせるだけでなく、オムツ交換もまともにされていなかった」と話す。

苦情も自治体に相次いで寄せられるようになり、みかねた岐阜県は二〇〇二年と二〇〇三年に訪問介護・看護事業所への立ち入り検査を実施。ケアプランどおりにサービスが提供されているか調べたところ、不正請求が判明したという。

ところが、県が取り消し処分を下そうとしていた矢先、事業者側が先に「廃止届」を提出してきたため、処分できなかった経緯がある。

創業者はその後も新たに会社を設立しては訪問介護・看護の事業所指定を受け、同じアパートで名称だけ変えて運営を続けていた。

愛知県内でも同様のことが繰り返されていたが、恐らく不正の発覚で報酬返還を求められるのを避けるためであろう。現在は法改正によって、過去五年以内に指定取り消し処分を受けた会社やその役員は、新規の事業所指定を受けることができないが、当時は不正を働いた事業者への対策が十分ではなかったので〝処分逃れ〟が可能だったのである。

そもそも二〇〇〇年四月に始まった介護保険制度は、どちらかといえば「性善説」によるところが大きく、悪質事業者への対策は遅れていた。それまで行政の措置で提供されていた介護サービスを、要介護認定を受けた高齢者にあまねく利用してもらえるようにするには、民間に頼らざるを得なかったのも一因だった。

制度開始前後には、「サービスが足りなくなるのでは」という不安さえ指摘されていたのだから、いまから思えば隔世の感がある。そのため国もいかにして民間企業に参入してもらうかに腐心するばかりで、不正請求などのルール違反に対するペナルティや対策が疎かになっていた。規制は後回しにされていたのである。

悪質事業者への対策に乗り出したのは二〇〇五年の介護保険法改正が始まりで、ようやく「事後規制ルール」が強化され、先に紹介した介護事業所指定の欠格要件などが設けられることになった。

そのきっかけとなったのは、二〇〇二年頃から相次いだ不正請求だ。当時、指定取り消し処分を受けた介護事業所は年間九〇ヵ所にのぼり、前年の三倍に急増。筆者も不正の実態をいち早く週刊誌で報道した。

それを当時、厚生労働大臣の諮問機関である社会保障審議会介護保険部会の委員が取り上げてくれたため、不正へのペナルティを検討する端緒となった。

介護業界では二〇〇七年に起きた「コムスンの不正事件」が有名だが、実はそれよりも前に事後規制ルールは敷かれていたのである。

「いま死なれたら損する」

胃ろうアパートの恐るべき実態は、元職員への取材で明らかとなった。

訪問看護の特別指示書を用いたカラクリは、二〇〇二年前後から行われていたようだ。

「当時、経営にたずさわっていた看護師が、社長（創業者）に知恵を付けたようです。いまは別のクリニックが関わっていますが、その頃に出入りしていた地元の開業医（在宅医）が入居者の症状に関係なく特別指示書をバンバン出していました。両者は〝グル〟です」

元職員は、在宅医がアパートの手口を知ったうえで協力していたと打ち明ける。

その診療は、かなり杜撰なものだったようだ。

「先生（在宅医）は決められた曜日にアパートに立ち寄って、『変わりないですね』と言って入居者の顔色を見るだけでした。急変時に連絡しても、来てくれたことはありません。私の夜勤時に入居者の全身にけいれんが起こり、苦しそうにするので先生に連絡したことがあるのですが、『終末期だから仕方がない』と言ってとりあってくれませんでした」

夜間や休日は在宅医とまったく連絡がとれなかったため、当時は救急車をしょっちゅう呼んでいたという。入居後間もなくして亡くなる高齢者も少なくなかったようだ。

創業者については、「とにかく利益を最優先に考える人です。おカネのことしか考えていなかった」と元職員は憤りを露わにした。

その象徴ともいえるのが次の話だ。

「死期の近い入居者がいたのですが、先生に連絡がとれないので、社長に相談したことがあります。そうしたら『いま死なれたら損する。何とか来月までもたせろ』と言われました。月の途中で、入居者が亡くなってしまうと保険請求できない報酬があったからです。入居者を〝儲けの道具〟としか考えていなかった」

元職員はうっすらと涙を浮かべながら、声を震わせた。

気分転換のために入居者を外出させようとしたときには、「余計なことはするな。要介護度が軽くなったらどうするんだ」と叱責されたという。以来、車いすがどこかに隠された。〝寝かせきり〟も、同様の考えで命令されていた。創業者は入居者の生活よりも、いかに報酬を多く稼ぐかしか考えていなかったのだ。

こんな酷い実態でも、アパートは入居者の確保に困ることはなかったという。

「病院が次々に患者を紹介してくれましたし、家族からも感謝されていたくらいです。老健（介護老人保健施設）は数ヵ月で退去を迫るところもあるし、民間の有料老人ホームでも状態が悪化すると対応できない場合があります。その点、ここは最期までいられるので、家族は『もう他の施設を探さなくていいのですね』と安心されていました。苦情を聞いたこともありませんでした」

在宅で介護できない家族にとっては、長く預かってもらえるのは有り難い。たとえサービス内容に不満があったとしても、人質にとられているようなものなので言い出しにくい。ヘタに言おうものなら、「文句があるなら他を探してもらってもいいんですよ」と、まるで脅しのような言葉が返ってくることもあるくらいだ。

しかも入居者は意思表示さえ難しい寝たきりの高齢者なので、不適切なケアや手抜きがあっても発覚しにくい。創業者の〝やりたい放題〟が可能だった。これほど都合のいいビジネスはなかったに違いない。

「当初は社長の態度もそんなに酷くなかったのですが、胃ろうの患者が増えるようになって売り上げがどんどん増えるにつれ、エスカレートしていったようです」

F社がアパートの新規開設を加速させたのは、二〇〇六年度の医療制度改革による影響が医療現場に出ていた頃だ。病院で胃ろうを造設されて退院をしたものの、行き場がなくて困っていた家族にとっては助け船となったに違いない。そんな時代背景も、創業者を

〝カネの亡者〟に駆り立てたのかもしれなかった。

筆者はアパートへの潜入後もF社への取材を試みていたが、匿名を条件に幹部の一人が応じてくれることになった。そのときのやりとりは次のとおりだ。

——入居者はどんな状態なのか？

「脳卒中や加齢によって嚥下機能（飲み込む力）が低下し、胃ろうになった高齢者がほとんど。入居者の多くは八〇代。九〇代後半もいます。入居直後は環境の変化によるストレスからか、発熱や誤嚥性肺炎を発症することが多い。入居後、間もなくして亡くなる人もいます。その一方で命を永らえ、四～五年入居し続けているケースもある」

——なぜ、胃ろうの要介護者ばかりを入居させようと考えたのか？

「以前は胃ろうだけでなく、経鼻経管栄養の患者も少なくなかった。いずれにせよ、同じ状態の要介護者を集めた方が質の高いサービスが提供できると考えた。退院患者の受け皿としての需要もあります」

——食事を提供しない理由は？

「入居時に口から食べられる場合は、受け入れないこともある。そもそも嚥下機能が低下した高齢者に、無理やり食べさせることがいいのか疑問です」

――提携のクリニックは、訪問看護の特別指示書を一律に発行していたのか？

「たしかに毎月、定期的に交付されていたことは認める。ただ、一日三回の訪問看護は必要で、実際にサービスは提供されています。おかしいことではないし、不正請求にもあたらないはず。訪問看護は普通にやっていたら人件費が高くつき、ビジネスとして成り立たない。それに入居者の費用負担も高くなり、多くの人が利用できなくなってしまう」

――入院させた場合にアパートからの退去を求めたり、事故への免責を強要したりしている「承諾書」を作成し、家族に署名させているのは本当か？

「承諾書にサインはもらっています。ただ、入居者にとって『終《つい》の棲家《すみか》』となるように対応している。病院では終末期の患者であっても人工呼吸器や心臓マッサージで無理な延命を施されがちですが、当社では穏やかに最期を迎えられます。病院よりも人間らしい生活が送れる、と考えている。家族も、『ここまでしたのだから』と満足しています。（筆者から「適切ではない」と）指摘されたので、ほかの経営陣とも相談して今後は廃止できるか検討したい」

――今後も経営を続けていくつもりなのか。

「ニーズがある限り、われわれは経営を続けていくつもりです。創業者は病気で引退したと聞いているが、代わりに現在は兄が経営をとり仕切っている。ただ、難しいのは人材の確保だ。離職率も高い。入居者は意思疎通が難しく、回復も見込めないため、職員のモチベーションが下がるようだ。その点は課題だと考えている」

＊　＊　＊　＊　＊

幹部とのやりとりは二時間近くに及んだが、結局は自らの正当性を主張するばかりで、入居者を〝寝かせきり〟にしていることも含め、何ら反省する様子は見られなかった。むしろ、「困っている家族を助けているのに、なぜ批判されなければならないのか」と不満を露わにしていた。

いずれにせよクリニックから特別指示書が〝恒常的〟に発行されていることや、理不尽な内容の承諾書の存在をF社が認めたことは収穫だった。

行政ののらりくらりな対応

胃ろうアパートが抱える問題を整理すると、大きく三つに絞ることができる。

一点目は、サービス内容の問題だ。入居者を訪問介護・看護サービスや在宅医療で囲い込んで多額の公費を使いながら、トイレに誘導することもなく〝寝かせきり〟にしたままで、口から食べさせるなどの支援も一切しない。介護保険が事業者に求めている「自立支援」からは、ほど遠いサービスである。

さらに、何らかの事故が発生しても、それに対する賠償責任を拒否する承諾書を家族に突き付けている。

介護保険ではサービスを提供中に事故が発生した場合には、事業者は市町村に報告する義務があるだけでなく、利用者に必要な補償をするよう求められており、法令違反にあたる可能性がある。

二点目は、報酬請求でのルール違反の疑いである。クリニックの医師は入居者の症状にかかわらず、訪問看護の特別指示書を〝恒常的〟に発行することで、多額の報酬を医療保険に付け替えさせている。

さらに入居者を事前に診断することなく、「週三回」の訪問診療が一律に提供されているのも問題だ。医療保険では訪問診療は原則、週三回までに限られており、その上限まで報酬を稼ぐ考えなのだろう。

三点目は、アパートが住宅型有料老人ホームにあたる可能性があるのに、「無届け」で運営されていることだ。

高齢者を入居させ、介護などを提供する場合は、都道府県等に有料老人ホームとして届け出をすることが事業者に義務づけられているが、F社はそれを怠っている疑いがある。

いずれの問題も行政指導もしくは監査の対象になるだけでなく、不正請求にあたる恐れがあるため筆者が関係行政機関に取材したところ、アパートの存在やサービスの実態について岐阜県は少なからず把握していた。だが、愛知県はまったく知らなかったようだった。

岐阜県は二〇〇七年、F社の系列会社（多治見市、現在は廃止）が運営していた訪問看護・介護事業所、居宅介護支援事業所、福祉用具事業所に対して監査を実施していた。

筆者が県への情報公開請求によって入手した文書によれば、訪問看護・介護事業所への監査後に事業所に対して次のような指摘事項を送付していた。

「介護職員、看護職員ごとの日々のスケジュール表がサービス終了の都度破棄され、職員のサービス提供の実態を把握することが困難な面があった。しかしながら、重度の要介護者が一ヵ所に集まって居住し、職員が短時間で順次介護・看護サービスを提供する貴法人のサービス提供体制にあっては、このスケジュール表も職員の勤務実績表、利用者に対する訪問記録等とあいまって、日々の利用者ごとのサービスの実態を把握する上で有効なものなので、他の記録類と同様に保存すること」

介護職員や看護職員のスケジュール表とは、ケアプランに基づいて「職員の誰が」「いつ（何時に）」サービスを提供したかがわかるものだ。この書類と、職員の勤務実績表や利用者への訪問記録を突き合わせれば、ケアプランどおりにサービスが提供されていたか把握できるが、スケジュール表が破棄されているので岐阜県は確認できなかったというわけだ。

結局のところ、指定取り消しなどの行政処分には至らなかった。

一方で入居者の成年後見人である山田さんは、「訪問介護・看護事業所が介護報酬を不正請求（架空請求）している疑いがある」として、岐阜県に通報していた。

山田さんはアパートでAさんと面談を繰り返していたが、ケアプランで予定されている時間になっても、ヘルパーや看護師が部屋を訪れなかったことが何度かあったからだ。

その証拠資料を残そうと、アパートにビデオを持ち込んで撮影もしていた。架空請求であることを県に理解してもらうには、「映像で残すしかない」と考えたからだという。

ところが、介護・看護事業所への指導・監査を所管する岐阜県高齢福祉課の担当者は、まともに取り合わなかった。それどころか、サービスが提供されなかったことを証明するために山田さんが自らの時計（サービスの時間帯）を撮影したことに対して、「デジタル時計だから時間はどうにでも変えられる」と言い放ったそうだ。

不正の摘発に役立てられる可能性があるにもかかわらず、そのチャンスを県はみすみす見送ったのである。そもそも指導する気があるのか疑いたくなる。

前出の元職員もかつて県に相談に出向いたが、そのときも「家族からの苦情はない」と言われて相手にされなかったという。

筆者の取材に対しても、岐阜県高齢福祉課の担当者は煮え切らない態度を見せるばかりで、挙げ句に面倒になったのか、間もなく定年を迎える職員に途中で担当を交替。その担当者ものらりくらりとこちらの追及をかわすばかりで、不毛なやりとりが繰り返された。

ネックとなっていた縦割り行政

そんな矢先、岐阜県議会議員の高木貴行氏が「胃ろうアパートを問題視している」という情報が、取材した関係者から寄せられた。早速連絡をとったところ、行政の関係機関による「連絡会議」を設置するよう岐阜県に働きかけていることがわかった。

「アパートの実態を把握するべく県の担当者に話を聞いても、部局ごとの縦割りがネックとなって断片的な情報しか得られない。とにかく関係する行政機関が一堂に集まって情報を共有し、具体的な指導の方針を決めることが必要だと考えました」

高木氏は、連絡会議の必要性をこう述べた。

アパートは規定の介護・看護職員を配置した介護施設とは違うため、行政の担当部局はいくつにもまたがる。

介護報酬については保険者である市町村が給付しているが、介護事業所への指導・監査は都道府県の介護保険部局が担当するのが基本だ。

有料老人ホームとしての届け出指導は当時、おもに都道府県が所管していたが、介護事業所の指導とは別の部局が担っていることが多い。

診療報酬は患者の年齢によって保険者が異なり、六五歳以上の高齢者は国民健康保険が中心なので保険者は市町村となる（二〇一八年度から都道府県へ移行）。ただし、報酬請求などに関する医療機関や訪問看護事業所（介護保険分は除く）への指導・監査は、都道府県の医療保険部局と厚生労働省の下部組織である地方厚生局が共同で行うことになっている。

サービス付き高齢者向け住宅も同じだが、アパートのように〝外付け〟で介護や医療が提供される形態は、このように複数の行政機関が関わるが、互いに情報共有されることがないのが現状だ。まさに「縦割り行政」なのである。

筆者も取材を進めるなかで、「その件は○課に聞いてください」「それはうちの所管ではないので、わかりません」といった具合に〝たらい回し〟にされることが度々で、各部局が責任を押し付け合うだけ。誰ひとりとしてアパートの全体像を摑んでいないので、実効性のある行政指導には至らないのが現状なのだ。

それぞれの関係部局がバラバラに動くのではなく、一致団結しなければならないが、そうした〝実行部隊〟を組織化する仕組みもない。その意味では、高木氏が働きかけた連絡会議の設置は「事態の打開に向けた第一歩になる」という期待が持てた。

不正隠し

連絡会議の初会合は二〇一〇年二月に非公式に開催されるとともに、それに先立つ同年一月、岐阜県高齢福祉課はF社の系列会社（多治見市）が運営する訪問介護・看護事業所への立ち入り検査に出向いた。

ところが県は、利用者が全員、アパートの入居者であることを確認したものの、「寝かせきり」などの不適切なケアを提供していることについては何ら指導しなかった。それどころか、後に筆者が県への情報公開請求によって入手した調査後の内部文書によれば、「概ね適正に業務が実施されており、指摘事項はありませんでした」と記されていた。

元職員によると、F社と系列会社は過去に監査を受けたときの経験を踏まえ、記録の整備には気を付けるようにしていたと話す。

「かつては排泄の有無をチェックする書類があるだけで、入居者個々の記録は一切ありませんでした。ケアプランも見せてもらったことがありません。ただ、県の監査で指摘されてから、帳尻を合わせるために記録を付けるようになりました」

実地指導では、法令で求められている書類が整備され、職員の出勤簿などと辻褄が合っているか大まかに書面で確認するだけなので、ちょっと知恵のまわる事業者であれば架空請求などの不正を隠すことぐらい〝お手のもの〟だ。

意図的な不正があっても、自治体は書類に不審な点がなければ見抜くのは難しい。サービスが実際に提供されていたかどうかは利用者に確認するしかないが、相手は意思疎通の困難な高齢者ばかりである。家族の証言か職員などによる内部告発でもない限り、不正を暴くことはできない。だからこそ山田さんの証言やビデオ映像は貴重な証拠になるのだが、岐阜県はそれを無視したのである。

さらにF社と系列会社は、アパートでの事故への賠償を免れるため、その旨を記載した「承諾書」を家族に署名するよう強要していたが、それについても県は指導しなかった。前述のように介護事業所は運営基準において、事故が発生した場合は市町村に報告するとともに、必要な賠償を行うよう義務づけられている。明らかな法令違反であるにもかかわらず、放置したのである。

筆者がその理由を県に尋ねると、「承諾書には家族の署名欄しかなく、発行元の記載がない」と高齢福祉課長（当時）は釈明した。だが、どこが発行したものかは明らかだ。少なくとも山田さんをはじめ、入居者の家族に確認すればわかることである。それすら行うことなく、「適正」だと判断するとは、開いた口がふさがらなかった。

だが、この判断が尾を引き、後になってF社と系列会社が事故を隠蔽していた事実が発覚する。二〇一一年一〇月、県が改めて同アパートへの立ち入り検査に出向いたところ、サービス提供中に入居者が骨折していただけでなく、その事実を市町村に報告していなかったことが判明した。早くに指導しておかなかった県の責任である。

結局のところ、連絡会議は関係部局間の情報共有にはつながったものの、指導に後ろ向きな岐阜県の態度はあまり変わらなかった。

一方の愛知県も、重い腰をなかなか上げようとはせず、関係機関による連絡会議が設置される動きさえ見られなかった。

こうした行政の煮え切らない態度について、山田さんは次のように指摘する。

「もし取り消しなどの処分を下すようなことになれば、県が入居者の受け皿を探さなければなりません。それを避けたいからだと思います」

アパートの入居者は当時、愛知と岐阜の両県で計約二〇〇人に上っており、しかも胃ろうの要介護者ばかりである。たとえ緊急避難的とはいえ、これだけの入居者の受け皿を探すのは容易ではないだろう。

だからといって、不正や不適切なケアが放置されていい理由にはならない。入居者はもちろんのこと、真面目に仕事に取り組んでいる介護事業者に示しがつかないどころか、モラルの低下にもつながりかねない。何より、F社をつけ上がらせるだけだ。

不正の温床

しかしながら、二点目の問題である、特別指示書を〝乱発〟するクリニックへの指導も難航した。

保険診療では、「保険医療機関及び保険医療養担当規則（療養担当規則）」や報酬請求ルールなどに従って適切に診療が提供されるよう、都道府県と地方厚生局が医療機関に対して行政指導、もしくは監査を実施することになっている。

おもには地方厚生局の都道府県事務所が担っており、情報提供などによって特に指導が必要だと思われる医療機関に対しては「個別指導」が実施される。担当者がカルテや検査画像、レセプト（診療報酬請求書）などを突き合わせながら、個々の医療機関と面談形式で行うものだ。

岐阜県は当初、筆者の取材に対し、「特別指示書が恒常的に発行されているのだとしたら不正請求の恐れがあるので、東海北陸厚生局と対応を協議したい」（地域福祉国保課）と話し、前向きだった。連絡会議には、東海北陸厚生局の担当者にも出席を求めていた。
ところが、いっこうに事態の進展は見られなかった。

胃ろうアパートに出入りするクリニックは名古屋市（愛知県）と多治見市（岐阜県）にあるが、それぞれ名称は違うものの、同じ男性医師が代表となっている。

東海北陸厚生局からの開示資料によると、名古屋市のクリニックが開設されたのは二〇〇七年で、五人の医師が在籍する。在宅療養支援診療所の届け出もされていた。

筆者は名古屋市内のオフィス街にある同クリニックを訪ねたが、そこはビルの一室を間借りした事務所のような雰囲気で、医師は不在だった。受付の女性によれば、「訪問診療で出払っていることが多いので、先生（医師）は普段、ここにはいません」とのこと。外来診療は行われていない様子で、クリニックといっても形式的なものだった。

同じく多治見市内にあるクリニックもビルの一室にあるが、入り口には何の表示もなかった。ドアをノックしてみたものの返答はなく、鍵がかけられていた。

在宅医療の対象となる患者は、医療機関の所在する場所から「原則一六キロメートル以内」と決められているため、こうやって場所さえ確保すれば診療は可能になる。ただ、厚生労働省は「在宅医療専門」の医療機関を原則的に認めておらず、あらゆる患者に対応できるよう「外来応需体制」を確保するよう求めている。

とはいっても法令上明確に規定されているわけではないため、地域によっても判断に違いがあるほか、実態把握も追い付いていない。いずれにせよ医師が本当に在籍しているのかわかりづらく、不正を招きやすいのは否めない。

話を戻そう。結局のところ、東海北陸厚生局がクリニック（多治見市）への個別指導を実施したのは二〇一〇年六月だった。名古屋市内のクリニックへの個別指導も、同局指導監査課によって同じ時期に行われた。

事態が動き出したのは、その前月に東京新聞（東海地方では中日新聞）が一面トップで「寝たきり専用賃貸住宅」と称し、アパートの実態やカラクリを大きく報道してからだ。中京テレビも筆者とほぼ同じ時期にアパートを取材していたが、東京新聞の報道直後に特集を組んで深夜番組で放映。筆者はすでに経済誌や専門誌などでアパートの実態を取り上げていたが、その拙稿がＮＨＫの記者の目に留まり、取材を受けた。

その後、ＮＨＫがＦ社の関係者などに取材した内容を「追跡！ＡｔｏＺ」（当時）という報道ドキュメンタリー番組で全国放映すると、一気に他のマスコミからも注目されるようになり、愛知県や岐阜県の担当者も対応に追われた。

相次ぐ報道に押されて、東海北陸厚生局の個別指導も早まったのだろう。担当者は、クリニックに対して特別指示書の〝恒常的な交付〟を中止するよう求めるとともに、あくまでも「急性増悪時にのみ」交付するよう指導した。

ただ、過去に請求された訪問看護費用については、「不正請求」とは認めなかった。

その理由について東海北陸厚生局・岐阜事務所の指導課長(当時)は、「主治医が患者を診て判断したことなので、そこまでは踏み込めなかった」と打ち明けた。

別の行政機関の担当者によれば、連絡会議でも特別指示書をどこまで必要だと認めるかが課題になっていたという。しかしながら、「主治医に『必要だった』と言われると、それ以上は追及できない」という理由でうやむやになったようだ。

入居者を「一律に終末期」とみなしている同意書の交付についても、「医師の見立てを示すものに過ぎない」という理由で指導の対象にはならなかった。つまるところ、「医師の裁量権」という壁を突破することができなかったわけだ。

保険診療を担う医師の基本的な義務を定めた「療養担当規則」では、診断をもとに診療を提供するよう規定されているほか、訪問診療は患者の同意を得るのが前提となっている。

クリニックは入居者を診断することなく、〝一律に〟週三回の訪問診療を提供しているが、これについても何ら指導されなかった。

これが、在宅医療への行政指導の実態である。

不十分なチェック機能

そもそも介護事業所への指導・監査とは異なり、医療機関に対するそれは機動力がない。

個別指導の対象先は、前年度に開かれる地方厚生局内の「選定委員会」にかけられて決まるルールとなっており、情報提供などに基づいて年度末の三月中までに決定し、次年度計画を作成。翌四月から順次、個別指導を行うという段取りになっている。

これは指導先の選定にあたって、担当者個人の恣意的な裁量が入らないようにするための措置だが、とにかく時間がかかる。しかも人的な限界もあるので、すべてが指導の対象となるわけではない。

一方、介護事業所への指導・監査にはこうしたルールはなく、もたらされる情報の内容にもよるが、都道府県等の判断で速やかに動けるようになっている。

もちろん医療機関でも著しい不正が見受けられるなど速やかに対応すべき内容であれば、選定委員会を臨時開催して指導に踏み切ることはできるが、よほどのケースでないと難しいのが現状のようだ。

保険医療機関や保険医の取り消しなど行政処分の前提となる監査に至っては、個別指導しても改められなかったり、著しい不正が疑われたりする場合などに限られ、さらにハードルが高い。二〇一三年度に全国の医療機関（医科）に対して行われた個別指導は一五六三件、監査は三七件に過ぎなかった（厚生労働省調べ）。

第一次安倍政権時代の二〇〇七年には、医療機関への指導・監査を強化する方針が打ち出され、「年間八〇〇〇件の個別指導を目指す（二〇〇八〜一二年度）」という目標が掲げられたが、医科のほかに歯科や薬局を合わせても、その件数は全国四四〇〇件（二〇一三年度）と当時の目標と照らしあわせても半分程度しか達成できていない。

なかでも在宅医療を行う医療機関への指導・監査は、遅れ気味だ。

全国の地方厚生（支）局八ヵ所に筆者が情報公開請求して入手した資料によると、月二回以上、定期的に訪問診療した場合に算定できる「在宅時医学総合管理料」の届け出がある医療機関に対して二〇一三年度に行われた個別指導は全国で五〇七件と、全体の二・三％に過ぎなかった（**201ページの図表8**）。

関東信越厚生局が一六六件ともっとも多く、九州厚生局が一一一件と続く。地域によって実施件数に大きな差があり、北海道厚生局はたったの五件。そのほかは、せいぜい二〇〜六〇件前後。東海北陸厚生局は四八件だった。

監査の対象となったのは全国二件で、保険医療機関の取り消しが一件、戒告が一件である。

第二章の「患者紹介ビジネス」で問題となった、サービス付き高齢者向け住宅などの入居者に対する不適切な訪問診療については、個別指導で書類の不備などを指摘する例が散見されたものの、せいぜい自主返還を求めるくらいで、監査に移行したケースは一件もなかった。

医療機関から提出されるレセプトの審査支払機関である「社会保険診療報酬支払基金」で岐阜県の審査委員長を務める前述の安藤喬医師は、「最近は行政が見抜けないような手法で不正請求する例も増えつつある。手口の巧妙さや医療機関の増加に対応しきれていない」と指摘する。

チェック機能が十分に働いているとは言い難いのが現状だ。

自らの責任回避のために

アパートに関する報道が落ち着いてしばらくしてから、筆者はクリニックの代表（医師）に連絡をとることができたので、当時の指導をどう受け止めたのか聞いてみた。

「私は、入居者が終末期の状態だと考えていたので、（特別指示書の発行を）問題だとは思っていませんでした。報道で叩かれたときも、『何がいけないのかなあ』と思っていたくらいです。アパートの入居者は八〇代が中心で、寝たきりや重度の認知症を患っている人が

【図表8】在宅時医学総合管理料の届け出がある医療機関への個別指導・監査件数

【個別指導】

	2011 年度	2012 年度	2013 年度
北海道厚生局	3	2	5
東北厚生局	20	34	24
関東信越厚生局	112	152	166
東海北陸厚生局	55	48	48
近畿厚生局	43	42	67
中国四国厚生局	18	22	34
四国厚生支局	37	36	52
九州厚生局	95	129	111
合　計	383（1.9%）	465（2.2%）	507（2.3%）

＊全国の地方厚生（支）局に情報公開請求して入手した資料より算出（筆者調べ）／注：（　）内は届け出数（各年7月）に対する個別指導件数の割合

【監査】

	2011 年度	2012 年度	2013 年度
北海道厚生局	3	0	0
東北厚生局	0	0	0
関東信越厚生局	0	0	0
東海北陸厚生局	0	2	1
近畿厚生局	0	0	1
中国四国厚生局	0	0	0
四国厚生支局	0	0	0
九州厚生局	0	1	0
合　計	3	3	2

＊全国の地方厚生（支）局に情報公開請求して入手した資料より算出（筆者調べ）／注：2011 年度は取り消し3件、2012 年度は取り消し2件、戒告1件、2013 年度は取り消し1件、戒告1件

ほとんどです。脳梗塞などで身体にマヒのある患者も多く、回復することはまずない。東海北陸厚生局にもそう伝えましたが、受け入れてもらえませんでした」

入居者の平均余命は一年半〜二年くらいだが、なかには五年以上の長期入居者もいるという。最期は肺炎や心不全、呼吸不全で亡くなる例が多いようだ。

たしかに終末期の概念自体が曖昧ではあるものの、果たして数年単位で生きられる入居者をそう判断していいのか疑問だ。

口から食べる支援をしていない理由についても尋ねたが、「嚥下機能（飲み込みなどの能力）の改善は難しいし、改善に向けたリハビリ訓練ができるような状態ではない」と話した。

ただ、嚥下機能の評価はしておらず、「専門に検査できる病院でないとできない。無理に食べさせて誤嚥でもしたら責任問題になる」と述べ、自らの責任回避のために食事を禁止していることもわかった。

特別指示書を用いた請求方法は、前任の医師がアパートの診療から撤退するときに引き継がれたという。いまも発行しているが、「東海北陸厚生局に指導されたとおり、急性増悪時のみに限っている」と話した。

ちなみにアパートとの関わりは、大学病院での勤務を辞めてクリニックを開業しようと考えていたときに創業者と出会ったのがきっかけだったようだ。

「報道でバッシングを受けたので、一時はアパートからの撤退も考えました。ただ、途中で止めるわけにはいかないと考え直し、続けることにした。何か悪いことをしているわけでもないので……」

東京新聞の報道では、F社の創業者が前任の医師に「先生、五年で二億になりますよ」とビジネスに加担するよう誘っていたことが明らかになったが、「かつては金銭的なやりとりがあったようだが、私は一切、していない」と否定した。

アパートの入居者に対する在宅医療の報酬は、ざっと計算しただけでも一人あたり月約一五万円にのぼる（二〇一一年当時）。その内訳は、「在宅患者訪問診療料」が月一三回（週三回として）で約一〇万八〇〇〇円、「在宅時医学総合管理料」が月四万二〇〇〇円。入居者は約二〇〇人なので、クリニックの収入は軽く見積もっても一ヵ月で約三〇〇〇万円だ。年間ではなんと三億六〇〇〇万円になる。

アパートでは看取りもしているので、その報酬も加わると、さらに収入は増える。F社の創業者も当然ながら報酬を把握しているはずだから、何の見返りもなくクリニックと提携するとは考えにくい。ただ、その実態までは摑めていない。

実は、患者紹介ビジネスの問題が取り沙汰されるようになったのは、この胃ろうアパートがそもそもの始まりだった。厚生労働省は同ビジネスの対策を話し合っていた検討会に事例として取り上げていたくらいだ。

胃ろうアパートは在宅医療に対する信頼をも大きく損ねたわけだが、残念ながら医師からはそうした自覚は感じられなかった。

指導をためらっていた理由

胃ろうアパートが抱える問題の三点目、「無届けホーム」の疑いについては、岐阜県は当初、「有料老人ホームにはあたらない」(高齢福祉課)と判断していた。

高齢者を入居させ、食事や介護などを提供する事業者は、老人福祉法で「有料老人ホーム」として都道府県等に届け出ることが義務づけられている。アパートでは食事こそ提供されていないが、介護サービスの提供を前提に入居者を募集しているのは明らかだ。

なぜ有料老人ホームと判断しないのか筆者が理由を聞いたところ、「高齢者以外も入居させている、と経営者が話したからだ」と担当者は述べた。

ただ、これまで述べてきたように実態は高齢者ばかりで、しかも寝たきりの要介護者である。聞くところによれば県は現地に何度か出向いており、それもわかっているはずだった。

「たしかにそうだが、アパートを運営する事業者（F社）が直接、もしくは別会社に委託して介護サービスを提供しているかが確認できない」

筆者の追及に、担当者はこう釈明した。

アパートは住まいの契約先と、介護サービスの契約先が異なっている。両者が一体的に運営されているとわかれば有料老人ホームとみなせるが、その事実を県が把握できていないため、「有料老人ホームではない」と判断しているのだ。

だが、F社が介護サービスの提供を前提に入居者を募集していることは、パンフレットやホームページなどでも確認できるので、一体性は明らかだ。介護サービスを提供している会社とF社が系列であることは、法人登記簿謄本で複数の役員が重複していることなどからもわかる。

それなのに岐阜県は、アパートへの届け出指導を断念していた。

後に筆者が情報公開請求によって入手した資料によれば、県は二〇〇八年頃からアパート側に有料老人ホームとして届け出るよう指導していた経緯があった。

ただ、F社の担当者は「一般のアパートで、有料老人ホームではない」と主張して届け出を拒否し続けたため、岐阜県はあろうことか指導を諦めた。二〇〇九年度から県とともに業務を所管することとなった岐阜市も同様である。

無届けホームが不正や不適切なケアの温床になりやすく、虐待などの発覚が遅れる可能性もあることは、第三章の「老人ホームもどき」で述べたとおりである。何か後ろめたいことのある事業者ほど行政の監督を免れたいと考えるため、届け出を拒否しがちだ。だからこそ自治体は実態把握に努め、届け出指導を根気よく続けていかなければならないわけだが、岐阜県や岐阜市はそれを怠ったのである。

無届けホームの問題点は県議会議員の高木氏も把握しており、岐阜県に有料老人ホームの届け出指導を働きかけていた。

そうした甲斐もあって二〇一〇年四月、ようやく県と市はアパートを有料老人ホームと判断し、改めて届け出指導することにつながった。

F社もそれまでの態度を軟化させ、届け出する意向を示した。ちょうどこの頃、先に述べたとおり現場では東京新聞や中京テレビ、NHKによる取材合戦が繰り広げられていたこともあって、受け入れざるを得なくなったようだ。

同年六月に開かれた岐阜県議会では、高木氏の追及によって「岐阜県立多治見病院」(多治見市)からアパートへの紹介患者が多いことも判明し、県高齢福祉課がその釈明に追われ、同院に紹介を中止するよう申し入れる事態もあった。

「岐阜県は、県立病院からの紹介が多いことを知っていたのでアパートへの指導をためらっていたのではないか」と、高木氏は言う。そう受け止められても仕方がないだろう。

結局、アパート側からは同年七月、ようやく「住宅型有料老人ホーム」の届け出が岐阜県と岐阜市に出された。筆者が取材を開始してから、一〇ヵ月目のことだった。

悪質事業者を放置する愛知県と名古屋市

一方の愛知県も、届け出指導に煮え切らない態度をとり続けた。

筆者の取材をきっかけに二〇一〇年二月、県高齢福祉課は名古屋市内のアパートに出向いたものの、F社側が「賃貸で部屋を貸しているだけで、介護などのサービスには関与していない」と言い張ったため、指導が頓挫《とんざ》した。

「事業者にパンフレットや契約書などを求めたが、提出してもらえなかった。住まいと介護などのサービスが一体的に提供されているかどうか判断できる材料がない」

高齢福祉課の担当者はこう弁解し、有料老人ホームかどうか判断できないままでいた。

アパートが岐阜県や岐阜市に有料老人ホームとして届け出された後も、愛知県は現地に出向いたが、またしてもF社の担当者は「うちは部屋を貸しているだけ。サービスは入居者が個々に契約しているので、わからない」と言い逃れしたという。

F社は岐阜県では届け出を受け入れておきながら、愛知県には拒否するという二刀流の対応を使い分けているのだから悪質だ。恐らく、担当者の弱腰な姿勢を見抜いているのだろう。その証拠に、二〇一五年現在も愛知県内のアパートは「無届け」のままである。

二〇一一年三月には国会(参議院予算委員会)で共産党の議員が胃ろうアパート(寝たきり高齢者専用アパート)の問題点を取り上げ、政府は同様の事例が他にないか全国調査することになった。

その結果、全国に少なくとも一〇ヵ所あることが明らかになった。岐阜県の七ヵ所を筆頭に、秋田、神奈川、福岡の各県に一ヵ所ずつだった(二〇一〇年一〇月末現在)。

肝心の愛知県はどうなったのかというと、「有料老人ホームかどうか判断できていない」という理由で「該当なし」と回答したため、件数に入れられなかった。

しかも二〇一二年度からは、名古屋市も有料老人ホームの届け出指導を所管することになったが、県はアパートが「無届け」もしくは「その疑いがある」という情報すら市に引き継がなかったことが筆者の取材で判明した。

こうした姿勢がF社のような悪質事業者に付け入るスキを与えているのに、それを正すこともなく、いまだに愛知県も名古屋市もアパートを放置したままだ。その被害者は後を絶たない。

加藤祐子さん(仮名、五五歳)は数年前、脳梗塞で寝たきりになった義母・トヨさん(仮名、八五歳）を名古屋市内の胃ろうアパートに入居させた。知人から紹介され、病院を退院後、すぐに契約。料金が月額一二万円程度と手ごろで、自宅から近いのが決め手になった。

かつてここが、メディアで取り上げられていたことは知らなかったという。見せてもらったパンフレットには、「二四時間・三六五日の在宅療養を支えます」「訪問介護や訪問看護、提携クリニックからの訪問診療が受けられます」などと謳われ、サービス内容もビジネスモデルも当時から変わっていなかった。

「寝かせきり」「食事（支援）なし」も同様だ。ヘルパーは定期的にオムツ交換や体位変換などは行うが、ベッドから起こすことはない。トヨさんは一日中、天井を見上げるだけの生活を続けている。

さらに利き手には、チューブを引き抜かないようミトンの手袋が付けられているという。介護保険で禁止されている「身体拘束」だ。

「義母は入居当初、発熱や下痢が続いていましたが、いまは話しかけると反応する。マヒがない側の身体も自分で動かせるようになっています。病院ではリハビリをしてくれていたので、職員に『車いすに座らせて欲しい』と頼んだのですが、『何かあったら困るので、家族でやってください』と断られました」

加藤さんは在宅医にも相談したが、「ヘルパーや看護師がやってくれるといいんですけどねえ」とはぐらかされるだけで、何もしてもらえなかったという。以来、申し出るのを諦めた。

「自宅には夫もいるが、介護を手伝ってくれるわけではないので、一人では看られません。ヘルパーさんに来てもらったとしても、ずっといてくれるわけではない。ここなら週二回は入浴もあるし、先生（医師）も診てくれるので……」

サービス内容に不満はあっても、自宅で介護できるわけではないので「現状を受け入れるしかない」とこぼす。アパートの入居費を払える経済的な余裕はあるので、無理をしてまで義母を自宅に引き取るつもりはないようだ。

知人（入居者）の面会でアパートを何度も訪れたことのある阿川玲子さん（仮名、六七歳）は、自身も在宅向けのヘルパーとして働くが、やりきれない思いを打ち明ける。

「知人は面会に行くと嬉しそうで、笑顔を見せてくれます。『今日は天気がいいねえ』と話しかけると、『ほおー』と反応もある。でも、ここでは、ずっと寝かせきりにされています。車いすへ移すのが難しければ、せめてベッドの背もたれを起こすことはできるはず。見える景色が違えば、脳への刺激になるし、心身機能にもよい影響をもたらす。何の楽しみもなく、（胃ろうで）栄養を与えられているだけでは〝生かされている〟ようなものです」

いまもなお、アパートではまるで〝生き地獄〟のような状況が続けられているのである。

国は都道府県に責任を押し付け

胃ろうアパートの相次ぐ報道などを受けて、厚生労働省も一時は対策に追われた。

二〇一〇年度の診療報酬改定では、医療機関がアパートのような同一建物の患者向けに訪問診療する場合の報酬を引き下げた。

それまでは複数の患者を一度に訪問しても一人あたり八三〇〇円を算定できたが、改定後は二人以上を一度に訪問する場合は一人あたり二〇〇〇円になった。

ちなみに直近の二〇一四年度改定では患者紹介ビジネスの問題を受けて、さらにこの報酬が下げられ、現在は一人あたり一〇三〇円となっている。

アパートの特徴的な手口ともいえる訪問看護の特別指示書については、二〇一二年度の診療報酬改定において、その発行要件を明確化した。

あくまでも急性増悪などを理由とする「一時的な場合に限られる」ことを医療機関に周知するとともに、もし発行する場合には、その理由を同指示書に記入させることにした。

医師から交付を受ける訪問看護事業所に対しても、頻回にサービスが必要な理由を記録に残すよう求めた。

さらに、二〇一一年度末での廃止が決まっていた介護療養病床は、ひとまず二〇一七年度末まで存続させることとなった。

これはアパートの問題が直接影響したわけではないが、介護療養病床からの転換先として創設された、医師の人員基準を緩和した「介護療養型老人保健施設」への転換がほとんど進まなかったことに加え、二〇〇九年夏の総選挙で介護療養病床の存続を公約に掲げていた民主党が政権の座に就いたことが後押しした。もちろん胃ろう患者などの受け皿不足も影響した。

結局のところ、二〇〇六年度の医療制度改革において、患者の受け皿を考慮しないまま医療費削減のためだけに急性期病院での在院日数を短縮化し、さらに療養病床の廃止・削減を断行した政策は失敗だった。

だが、またしても同じことが繰り返されようとしている。

政府の専門調査会は二〇一五年六月、団塊世代が七五歳以上となる二〇二五年に、全国の病院ベッド数を一六万~二〇万床削減できるとする目標を発表した。二〇二五年時点で必要とされる病院ベッド数は一一五万~一一九万床で、二〇一三年の一三四万七〇〇〇床から一割以上減らせるという。首都圏や大阪、沖縄は増床が必要とされるが、それ以外は削減していく方針だ。

一方、在宅医療・介護を拡充することによって、自宅やサービス付き高齢者向け住宅などで療養する患者は二九万七〇〇〇〜三三万七〇〇〇人になると推計している。医療費削減が狙いであることは言うまでもない。

ただ、目的は同じでも、二〇〇六年度の医療制度改革のときとは手法が異なる。今回は病院ベッド数の削減を、都道府県に担わせようとしている。

具体的には、入院医療を「高度急性期」「急性期」「回復期」「慢性期」の四つに分類し、都道府県が地域（二次医療圏）における二〇二五年の医療需要を踏まえ、その達成方策を病院関係者などと協議しながら「地域医療構想（ビジョン）」に位置づけ、計画的に整備していくよう、二〇一四年六月に成立した医療・介護総合確保推進法で規定した。計画を上回る過剰なベッドを規制できる仕組みも導入されている。

なかでも比較的症状の落ち着いた高齢者が多い「慢性期（療養病床）」は減らして、自宅やサービス付き高齢者向け住宅などでの療養につなげていく流れである。

厚生労働省医政局の担当者は、「これからは入院医療で対応する患者が減っていくので、都道府県や医療機関がどう対応すべきか考える材料にしてもらいたい」と話し、政府が出した数値はあくまでも都道府県が地域医療構想を策定する際の〝参考〟だとする。

とはいえ、政府の報告書では各地域が今回示された目標値を目指すよう求めているため、自治体からは「削減ありき」「キャップ（枠）をはめられているのと同じ」といった批判が絶えない。建て前とホンネが違うのは明らかなので、こうした指摘があるのは当たり前だろう。ベッド数削減の責任を、自治体に押し付けているようなものだ。

厚生労働省の有識者検討会で地域医療構想のガイドライン策定に関わった東京都稲城市の石田光広総務部長（前福祉部長）も、「本来は地域の受け皿や高齢者の意向を踏まえて需要を積み上げていくべきです。都道府県が国の示した目標値に引きずられてしまうと医療難民が出かねない」と危惧する。市では地域の特殊性を踏まえた構想策定につなげてもらうべく、独自に稲城市版の医療計画策定に取り組んでいるという。

厚生労働省は「慢性期（療養病床）」で病状の比較的軽いとされる患者の七割程度は削減可能だと考えており、もし数字の辻褄合わせが行われることになれば、石田部長が指摘するように行き場をなくす患者が大量に生まれる可能性がある。そうなれば、胃ろうアパートのような事業者が跋扈しかねない。

根本的な解決策は未だとられず

胃ろうの造設件数はひと頃に比べれば、減少傾向にはある。厚生労働省の調べによると、近年では二〇一〇年の月八〇〇〇件をピークに、二〇一三年は月五八一三件、二〇一四年は月五〇七二件となっている。メディアで終末期における胃ろう造設の是非について取り上げられる機会が増えたことも影響しているのだろう。最近は医療現場でも家族が胃ろうを頑《かたく》なに拒んだり、医師が控えたりする例も出ている。

ただ、胃ろうは終末期ばかりではなく、脳梗塞など急性の病気によって一時的に口から食べられなくなったときの代替手段としても使われるので、団塊世代の高齢化で今後も胃ろう患者が増えることが見込まれる。

では、受け皿は整備されたかというと、特別養護老人ホームにおける胃ろうの入居者の割合は九・四％（二〇一四年、厚生労働省調べ）と以前に比べてそれほど変わりがない。二〇一二年度から介護職員に医療行為である胃ろう処置が解禁されたものの、受け入れが進んでいるわけではないようだ。

むしろ民間企業の方が積極的である。有料老人ホームやサービス付き高齢者向け住宅への参入意欲は相変わらず旺盛で、胃ろう患者の受け入れも増加傾向にある。昨今は、退院患者を取り込もうと、医療機関による参入も目立つ。なかには「がん末期」の患者を専門に受け入れるところもあるくらいだ。

看取りビジネスの裾野は確実に広がっているので、胃ろう患者を含め、療養病床からの退院患者の受け皿は以前に比べれば確保できるかもしれない。ただ、胃ろうアパートで露呈した問題への根本的な解決策は講じられていないままだ。

医療・介護による不適切な「囲い込み」をはじめ、無届けの「老人ホームもどき」、不正や不適切なケアが発覚しても対応に決め手を欠く行政指導……。これらは国が推し進める、サービス付き高齢者向け住宅などの住まいを拠点に、在宅医療や介護サービスを外付けで提供する仕組みの制度不全を露呈している。

このままでは多額の報酬が垂れ流しにされるだけでなく、ビジネスの食い物にされる高齢者が増えるだけだ。まずは不正や不適切なケアを防止し、それらが発覚したときに厳正に対処できる実効性のある仕組みを検討すべきだ。

バラバラに提供される医療や介護などの情報を行政機関が一括で把握できるようにするほか、それらを一体的に指導できるような体制づくりを促すことも必要である。

不正請求の摘発に甘い在宅医療への指導体制も検討し直すべきだろう。個別指導で不適切な報酬請求が発覚しても、せいぜい医療機関による自主返還に委ねているのが現状である。よほどの悪質性が認められなければ、行政処分を前提とした監査には至らない。

これは政治力のある「日本医師会」や「全国保険医団体連合会」が厚生労働省との折衝で勝ち取ってきた歴史でもあるのだが、時代背景は異なっている。これからは医療機関による老人ホームへの参入は間違いなく増え、厚生労働省も推奨している。療養病床の削減などによって、医療依存度の高い要介護者の受け皿になることが期待されているからだ。

それなのに胃ろうアパートのように「医師の裁量権」を盾にされたら、何をやっても許されてしまうことになりかねない。個別指導で不適切な報酬請求が発覚したら、速やかに監査に移行できるよう指導体制を強化することが望ましい。

また、無届けの老人ホームもどきに対しては、自治体に指導強化を促すだけでなく、有料老人ホームの届け出をしない事業者には、介護報酬や診療報酬の給付を中止する措置も検討すべきだ。

元気なシニア世代に老人ホームもどきの洗い出しを手伝ってもらうのもいいだろう。すでに札幌市などが高齢者を組織化したＮＰＯに委託して実施した事例もあるが、行政指導に結びついているほか、住民が老人ホームを探すときの情報としても役立っているという。

現状では、虐待や不正の発覚は、職員などの内部告発に頼らざるを得ないのが実態だ。老人ホームの増加に行政指導は追い付いておらず、現地調査に行けたとしても数年に一回がせいぜいである。

悪質な事業者であればあるほど外部の立ち入りを拒む傾向にあるので、シニア世代による定期的な訪問の受け入れを義務づけ、風通しをよくすることも大切だ。

介護保険ですでに制度化されている「介護サービス情報公表制度」のように、事業者から費用を徴収する仕組みでは評価する側のチェックが甘くなってしまう恐れがあるので、あくまでも行政指導の補完的な役割に徹することがポイントになると思う。

そのために実行部隊として、各市町村で地域福祉を推進している「社会福祉協議会」などがシニア世代を組織化し、ホームへの訪問に必要な交通費は、消費増税を財源とする「地域医療介護総合確保基金」から賄われるようにすることも一考してもらいたい。

もちろんシニア世代のボランティア精神に負う部分が大きいが、将来、各人が老人ホームを選択する際の予習になるほか、口コミで住民に情報を知らせてくれる役割も期待できる。

社会保障費削減だけを目的に無理に蛇口を絞ると、そのしわ寄せは寝たきりや認知症など立場の弱い高齢者にいくだけだ。制度の持続可能性を高めるためにも、実効性のある不正への対策も早急に検討してもらいたい。

第五章

「胃ろう」の功罪と解決策のヒント

——求められるケアの改革

「尊厳死の法制化」は誰のため？

わが国では年間約一二七万人が亡くなっているが、団塊世代の高齢化で二〇四〇年にはその数が一六七万人にもなると見込まれ、本格的な「多死社会」が待ち受けている。

これまでは看取りを病院に委ねることもできたが、今後は医療提供体制の見直しによって病院のベッド数が削減されるため、在宅や老人ホームでの療養を余儀なくされる人が増え、介護事業者も看取りへの対応が欠かせなくなっていく。

さらに認知症患者は二〇二五年に七〇〇万人前後に達すると見込まれており、病気の進行によって口から食べられなくなったときに胃ろうを造設するケースが増えることも想定される。その対策は待ったなしだ。

そうしたなか近年、議員立法によって「尊厳死」を法制化しようという動きが水面下でにわかに活発化している。超党派の国会議員からなる「終末期における本人意思の尊重を考える議員連盟（旧尊厳死法制化を考える議員連盟）」（増子輝彦会長）は二〇一二年三月、「尊厳死法案」を公表したが、それは将来、胃ろうや人工呼吸器などの延命治療が増えることを見込んだ内容となっている。

法案の概要はこうだ。一五歳以上の患者本人が、書面などで延命治療を望まないことを明らかにし、主治医を含む二人以上の医師によって終末期と判断された場合には、延命治療を行わなくても、医師は刑事、民事、行政法上の法的責任を問われない、というもの。同法案には、延命治療の〝不開始だけ〟を免責とする「第一案」と、すでに行っている延命治療の〝中止〟も可能とする「第二案」の二通りが示されている。

かねてより尊厳死の法制化を働きかけてきた「一般財団法人日本尊厳死協会」（東京都文京区）は、「患者が延命治療を望まない旨のリビングウィル（事前指示書）を提示していても、医師は殺人罪に問われることを懸念して延命治療の不開始や中止を躊躇する例が少なくありません。法制化によって患者の意思が尊重されやすくなることを期待している」（事務局長・常任理事）と訴える。

終末期の延命治療をめぐっては本人の意思確認ができないことが多いため、家族が悩みながら決めているのが現状だ。親族間で意見が食い違うこともあるため、医師も現場で対応に苦慮するケースがあるという。

そうしたことから法案の中身は、「延命治療をしないで看取った場合に後で遺族から医師が訴えられるリスクがある」→「だから延命治療の不開始や中止に踏み切れない医師が多い」→「医師の免責を一定の条件のもとに法制化しておけば、患者が望まない延命治療が減る」というロジックで構成されている。医師を法的に守ることによって、患者本人が望まない延命治療を減らしていこうという考え方だ。

ちなみに議員連盟の発足は二〇〇五年だが、今回のような具体的な法案が示されたのは初めてである。背景には、近年の胃ろう患者の増加とともに、メディアで死や延命治療について取り上げられる機会が増えたことも影響したようだ。

同協会の岩尾總一郎理事長（医師）が厚生労働省元医政局長であることから、「国とタッグを組んで医療費抑制につなげる狙いがあるのではないか」という憶測も飛び交っている。

その真の狙いはともかくとして、尊厳死の法制化によって患者や家族にとって望ましい終末期医療が受けられるかは疑問である。そもそも医師が終末期かどうかを適切に判断できるかどうかという課題も残る。

障害者団体が抱く危機感

法案では終末期の定義を「適切な医療上の措置を受けた場合であっても、回復の可能性がなく、かつ、死期が間近であると判定された状態」として、主治医を含む二人以上の医師によって判断することを求めている。しかし、在宅や老人ホームで看取りをしている在宅医に聞くと、死期がごく間近に迫っている「臨終期」は比較的わかりやすくても、それよりスパンが長いとされる「終末期」については判断が難しいというのが大方の意見だ。

「いらはら診療所」（千葉県松戸市）の院長で、「NPO在宅ケアを支える診療所・市民全国ネットワーク」の会長でもある苛原実医師は、これまで多数の高齢者を在宅や老人ホームで看取ってきたが、終末期には予後を予測する困難さが伴うと話す。

「がんによる死亡は、数ヵ月前から体力が著しく低下するなど経過がわかりやすい。ところが老衰は末期だと思っても、症状が改善して数年生きる人もいます。体調の悪化を繰り返しながら徐々に食欲や体力が落ちていき、看取りに至る例もある。それだけ終末期の判断や予後を見極めるのは難しいということです」

仮に終末期だったとしても、症状を改善させるために治療が必要になる場合もある。また、食欲の低下は終末期の判断材料の一つにはなるものの、肺炎や脱水、感染症などによる場合もあるので見極めが肝心だという。

いずれにせよ慎重に判断しないと、患者の治療機会を奪ってしまうだけでなく、まだ生きられる命を早々に死に追いやってしまうことになりかねない。ヘタをすれば胃ろうアパートのように看取りを医師が主導して、ビジネスの道具として利用される恐れもある。

それに終末期の判断を誤れば、家族から訴訟を提起される可能性も残る。法制化したとしても、医師の責任が〝オールクリア〟になるわけではないのだ。

むしろ法制化によって患者の意思がないがしろにされるリスクが高まると「一般社団法

人日本ALS協会」（東京都千代田区）の川口有美子理事は指摘する。

「もしリビングウィル（事前指示書）の内容を変更したいと思っても、医療側が受け入れてくれないこともあり得ます。法制化によって意思の撤回の手続きがややこしくなれば、余計に患者の思いが尊重されないことにもなりかねません」

一般的に元気なうちは「延命治療はいらない」と考えていても、終末期になると患者も家族も不安と闘いながら過ごすことになるため、治療に対する意向が揺れ動きやすい。そうした思いを医師がきちんと受け止めてくれるのか不安も残る。

法制化によって延命治療を不要とする社会的な風潮が高まれば、回復の難しい障害者への風当たりが強くなることも懸念される。受けられる医療の中身に影響を与える恐れもあることから、障害者団体は法制化の動きに強い危機感を募らせている。

どう死ぬかは本人だけの問題ではない

尊厳死の法制化については、医師の間でも賛否が分かれている。

厚生労働省は二〇一三年、「人生の最終段階における医療に関する意識調査」を実施したが、そのなかで終末期の定義や延命治療の不開始・中止などの判断基準が必要かどうかを尋ねている。

その結果、「大まかな基準を作り、それに則った詳細な方針は、医師または医療・ケアチームが患者・家族等と十分に検討して決定すればよい」と答えた医師がおよそ半数を占める一方で、「一律な基準は必要なく、医師または医療・ケアチームが患者・家族等と十分に検討して方針を決定すればよい」とする医師は約三六％にとどまった。「詳細な基準を示すべき」と答えたのは、わずか六％に過ぎなかった。

「大森山王病院」（東京都大田区）の院長で、特別養護老人ホームの嘱託医として看取りも行っている戸金隆三医師は、患者のリビングウィルを尊重するあまり、家族の思いが置きざりにならないかを危惧する。

「たしかに法制化されれば、医師の心理的な負担は軽くなるでしょう。ただ、延命治療が医師の判断で打ち切られる可能性もあります。意思疎通が難しい患者であれば、その思いを忖度《そんたく》しながら、家族と、医師や看護師などの医療従事者、介護職員などが話し合いを重ね、納得のいく看取りに向けて合意形成していくことが必要です。死は直接には本人に関わることですが、残された人（家族など）のことも考えて対応しなければなりません」

終末期は患者や家族の思いが変化しやすいことを踏まえ、多職種で丁寧に関わりながら、意思決定のプロセスを重視することが必要だという。それには、「厚生労働省などが作成した終末期医療のガイドラインに沿った実践を積み重ねることが先決です」（同医師）

と話す。

ガイドラインとは、厚生労働省が専門家の意見を踏まえて二〇〇七年に作成した「終末期医療の決定プロセスに関するガイドライン」を指す。このなかでは終末期治療を決定するにあたり、患者の意思が確認できる場合と、できない場合に分けて具体的な手続き（プロセス）が示されている。

その内容は次のとおりだ。


【患者の意思が確認できる場合】
①専門的な医学的検討を踏まえたうえでインフォームド・コンセントに基づく患者の意思決定を基本とし、多専門職種の医療従事者から構成される医療・ケアチームとして行う。
②治療方針の決定に際し、患者と医療従事者とが十分な話し合いを行い、患者が意思決定を行い、その合意内容を文書にまとめておくものとする。上記の場合は、時間の経過、病状の変化、医学的評価の変更に応じて、また患者の意思が変化するものであることに留意して、その都度説明し患者の意思の再確認を行うことが必要である。
③このプロセスにおいて、患者が拒まない限り、決定内容を家族にも知らせることが望ましい。

【患者の意思が確認できない場合】

患者の意思確認ができない場合には、次のような手順により、医療・ケアチームの中で慎重な判断を行う必要がある。

①家族が患者の意思を推定できる場合には、その推定意思を尊重し、患者にとっての最善の治療方針をとることを基本とする。

②家族が患者の意思を推定できない場合には、患者にとって何が最善であるかについて家族と十分に話し合い、患者にとっての最善の治療方針をとることを基本とする。

③家族がいない場合及び家族が判断を医療・ケアチームに委ねる場合には、患者にとっての最善の治療方針をとることを基本とする。

本ガイドラインでは、患者との話し合いを重ねながら終末期治療を進めることを原則とし、治療の開始・不開始、内容の変更などは多職種からなる医療・ケアチームによって慎重に判断するよう求めている。

また、患者の意思を尊重するのと同時に、家族の役割の重要性も指摘している。特に患者の意思が確認できない場合には、家族から十分な情報を得たうえで、「患者が何を望むのか」「患者にとって何が最善か」を、医療・ケアチームとの間で話し合う必要があるとしている。

いまのところ本ガイドラインの見直しは検討されていないが、妥当な内容ではないかと思う。患者の意思を尊重することを第一としながらも、家族の関わりも不可欠であることが示されているからだ。

「当初は『自然な経過に任せたい』と言っていた家族でも、いざ呼吸困難などの症状に直面した途端、『先生、何とか助けてください』と態度が変わることは少なくない」

取材した医師によれば、終末期にはいざとなると心変わりしてしまう例は少なくないようだ。

すでに述べたとおり、筆者は末期がんの母親を自宅で家族とともに看取ったが、当初は「もう治らないのだから、たとえ寿命が短くなったとしても抗がん剤でつらい思いをするのは避けたい」という本人の思いと家族の思いが一致し、一度決めた治療方針に揺るぎはないと思っていた。

だが、いよいよ臨終期が近づいてくると、土壇場になって「本当にこれでよかったのか」と正直、迷った。間近に死が迫っていることは頭では理解していても、一度決めた方針に疑問を抱いたり、はたまた思い直したりした。それほどに迷いは生じるのである。

揺れる思いへの対応も不可欠

患者のみならず、家族も終末期を受け入れるまでに時間がかかる。それゆえ「松本クリニック」（東京都八王子市）の院長・松本清彦医師は、在宅や老人ホームで看取りをする場合に気をつけていることがあると話す。

「延命治療をするかしないかを決める家族の責任は重い。迷って、すぐに決められないのが一般的です。ときには『自分だったらこうします』と伝えて、決断の参考にしてもらうこともあります。誰しも後悔はしたくありません。症状に応じて、その時々にできる治療の選択肢を伝えるとともに、『気が変わったら、いつでも遠慮なく言ってください』と伝えています」

もちろん最初に決めた方針を貫き通せる場合もあるかもしれないが、人は誰しもそう強くはない。死を前にすると不安や怖れがわいてきて、「先生、何とかしてください」と藁にもすがる思いで治療に望みを託すことがある。末期がんだと宣告されても、「もしかして治るのではないか」と、民間療法や健康食品などの代替医療に頼ってしまう気持ちもよくわかる。

それだけ終末期における看取りのプロセスは繊細で、神経を遣うものだ。患者・家族の思いは揺れ動き、ときには不安から混乱してしまうこともあるだろう。だからこそ医師ら医療者は患者・家族の思いを丁寧に汲み取り、合意形成のもとに治療内容を決めていくことが不可欠なのである。

そうしたプロセスを抜きにして法制化によって拙速に看取りを推し進めれば、残された家族には疑念と後悔が渦巻くだけだろう。行き場のない悲しみや怒りがいつまでたっても消えない可能性だってあるのだ。終末期治療の合意形成がないがしろにされる恐れもある。

最近はメディアの影響もあってか、「胃ろうにしても意味がない」と自らの価値観を前面に押し出す医師もいて、患者や家族が傷ついている例もあるくらいだ。法制化によって、医師の主観による一方的な価値観の押し付けを加速化させるリスクもはらんでいる。尊厳死法案は医師を守ることはあっても、患者や家族が望む治療を受けるための解決策にはならないと思う。

デメリットばかりではない胃ろう

終末期治療の代表のように胃ろうは捉えられがちだが、そればかりではないことも知っておく必要があるだろう。

実は造設のきっかけで多いのは、食べ物や異物などの細菌が肺に流れ込んで生じる誤嚥性肺炎や、脳血管疾患であって、急性の病気やケガで口から食事がとれない場合に胃ろうで栄養状態を改善させて体力の回復を目指すのを目的としている。

また、筋肉の萎縮と筋力の低下などをきたすALS（筋萎縮性側索硬化症）やパーキンソン病などの神経筋疾患は、病気が進行して食べ物が飲み込みにくくなると胃ろうなどが使われる。この場合は命をつなぐ生活に欠かせない道具となる。

逆に、がん末期のように生命予後が短いことが想定される場合はあまり使われない。全身状態が極めて悪い場合もそうだ。

ところが近年は、「胃ろうの適応となる患者まで拒否する例が増えてきた」「胃ろうを拒む代わりに、点滴（輸液）や経鼻経管栄養を求めてくる」といった声が医療・介護現場から聞こえてくるようになっている。

「生活クラブ風の村・園生診療所」（千葉市稲毛区）の所長で、外来のほかに在宅医療にも取り組んでいる佐賀宗彦医師は、こうした動きに警鐘を鳴らす。

「患者さんや家族が胃ろうを拒否すると、その代替手段として経鼻経管栄養や中心静脈栄養（TPNまたはIVH）を医師が提案するようです。実際、一時、そのような患者さんが在宅に戻ってこられる例が少なくなかった。ですが、それら治療行為のリスクや弊害を知らされていない。医療者は患者や家族が適切に選択できるように情報提供することも必要です」

メディアで胃ろうのデメリットが強調されるあまり、短絡的に「胃ろう＝無駄な延命治療」といった捉え方が広がっているが、その有用性も理解しなければ患者や家族が誤った判断をしかねないというわけだ。

口から食べられなくなったときに人工的に栄養をとる方法には、腸を使う方法と血管を使う方法がある。前者は胃ろうや腸ろう、経鼻経管栄養で、後者は点滴・輸液を指す。点滴・輸液には、腕などの静脈から点滴注射で栄養を入れる末梢静脈栄養法と、鎖骨下静脈の太い血管にカテーテルを入れて高カロリーの栄養を入れる中心静脈栄養法がある。

昨今は胃ろうの代わりに経鼻経管栄養を選択する例も見受けられるが、そもそもは短期間の利用を想定したもので、「六週間未満の利用」がひとつの目安とされている。

しかも経鼻経管栄養は鼻にチューブを入れたままなので不快感が強く、それゆえ本人がチューブを引き抜いてしまう場合も少なくない。再挿入するにはコツがいるため、自己抜去を防止するのにミトンの手袋をはめるなどの身体拘束につながりやすい。一般的に老人ホームでは引き受けたがらないのが現状だ。嚥下機能回復のためのリハビリ訓練もしにくい。

一方、中心静脈栄養法は、末梢静脈栄養法よりも高カロリーの栄養を入れられる利点があるものの、感染症の発生リスクが高いので管理に注意が必要となり、医療機関以外ではあまり行われることはない。在宅で行われることはあるが、高リスクなのは否めない。

こうした事情を主治医が患者・家族に説明しないまま施行してしまっていることに、佐賀医師は危機感を募らせている。

「胃ろうは腹部に穴を開ける手術が伴うものの、必要な栄養量を安全に入れやすい利点があります。家族が管理する場合も楽です。栄養を注入するとき以外はチューブを外せるので患者の苦痛も少ない」

医学的には腸が機能している場合は、腸を使うのが原則だという指摘もある。つまり、患者にとってどの人工栄養法が適切なのかは、疾患や症状、管理能力、老人ホームでの受け入れ状況などを総合的に判断しなければならないわけだ。

他にも、「胃ろうにすると二度と口から食べられなくなる」といった誤解も少なくないが、リハビリ訓練などで口から再び食べられるようになるほか、胃ろうを使いながら経口での食事も併用することができる。

胃ろうには負のイメージが先行しがちだが、それ自体は優れた人工栄養法である。正しく理解しておかないと、胃ろうが望ましい場合でも拒否するなど、誤った選択をしてしまうことにもなりかねないのだ。

胃ろうの予後は平均二年九ヵ月

胃ろうへのバッシングが相次いだ背景には、医療機関側の対応にも原因がある。

「まだ口から食べられるのに胃ろうを勧められた」

「先生（医師）からは『もう口からは無理』と言われたが、試しに食べさせてみたら大丈夫だった」

家族などからこういった声を聞くことは少なくない。特別養護老人ホームの関係者からは、「入居者が肺炎の治療で入院すると、大抵は胃ろうを付けて戻ってくる。事前にこちらに知らされないことも多く、退院した後のケア態勢を整えるのに苦労する」といった恨み節のような話も聞かれる。

胃ろうを造る場合には、事前に嚥下機能評価をすることが望ましいとされている。具体的には、水飲みテストや咽頭反射の把握、嚥下造影検査（VF）、反射唾液飲みテスト、嚥下内視鏡検査（VE）などの方法がある。

しかし、医療経済研究機構（一般財団法人医療経済研究・社会保険福祉協会）の二〇一二年調査によれば、造設前に摂食・嚥下機能評価が実施されていない患者は二二・九％、約四人に一人の割合で存在することが明らかになっている。実際、どの程度の摂食・嚥下障害があった場合に胃ろうを造るべきなのかの明確な基準がなく、医師や医療機関によって判断が分かれているのが現状だ。

こうしたことを踏まえ、二〇一四年度の診療報酬改定では胃ろう造設前の嚥下機能検査が報酬で評価されるようになったが、相変わらず医療機関の都合で胃ろうが勧められる例は続いている。

胃ろうを造設した患者の予後は平均二年九ヵ月というデータもあるだけに、介護が長引けば長引くほど家族は「選択が正しかったのか」と思い悩む。それだけに、胃ろう造設後の生活や、病状の見通しなどを知りたいと考える家族は多いが、「このままでは死んでしまいますよ。親を餓死させてもいいのですか」と造設を迫る医師もおり、家族が仕方なく受け入れている例もある。医師のインフォームド・コンセント（説明責任）のあり方も見直すべきだろう。

ただ、胃ろう造設の手術を担う急性期病院の医師に多くを期待するのは難しいと、東京都内の大学病院に勤める医療福祉相談室の相談員（ソーシャルワーカー）は述べる。

「急性期の治療では目の前の患者の症状や病気を何とかよくしたいと先生（医師）は考えます。そのため退院後の生活にまでは、なかなか気が回らない。時間に追われていることもあって、丁寧に家族に説明している時間もとりにくいのが現状です」

それなら看護師に期待したいところだが、「医師が提示する治療法に対して、私たちが口出しすることは難しい。ご本人や家族から相談があれば応じられるのですが……」と打ち明けられることもあって、期待できそうにない。

老人ホームのなかには医師からの説明時に職員が同席して、本人や家族の意向を一緒に伝えたり、必要な情報を聞き出したりしているところもある。初めて胃ろうを耳にする家族にとっては頭が混乱して適切な判断ができない場合も少なくないため、こうした取り組みは参考にできるのではないか。

老人ホーム側の都合

一方、本人や家族が「胃ろうを造りたくない」と思っても、老人ホーム側からの抵抗に遭うことも少なくない。

嚥下機能が低下して誤嚥性肺炎を繰り返すようになると胃ろうを勧められるほか、口から食べるのが難しくなると退去を促される場合もある。

逆に昨今は、「胃ろうならば引き受けます」というホームも珍しくなくなっているのが現状だ。

高齢者に誤嚥させないよう食事介助するには、職員の手間や工夫、さらには時間もかかる。無理に食べさせると咽に詰まらせるリスクがあるほか、誤嚥によって肺炎を発症した場合には入院治療が必要となってしまう。

その点、胃ろうは比較的安全で、効率的に栄養を投与できる。心身の状態によっても異なるが、液状の栄養剤を胃ろうから注入する場合は一回あたり二～三時間かかるが、その間は異変がないよう見守っているだけでいい。

最近はゲル状の栄養剤が使われるケースも増えており、それだと五～一五分ぐらいで注入を終えられるうえ、液状の栄養剤よりも食道への逆流や下痢が起こりにくいといわれている。そのため老人ホームでは職員の労力を軽減し、入居者を管理しやすくするための手段として胃ろうが使われる場合も少なくない。老人ホーム側の都合によって〝造られる胃ろう〟もあるわけだ。

某急性期病院で患者の退院支援をする相談員（ソーシャルワーカー）は言う。

「患者さんの病状によっては退院後の経口摂取の状況を見極めたうえで、胃ろうを造るかどうか検討した方がいい場合もあります。それなのに老人ホームの多くは『こういう状態の患者ならば引き受けます』と、自分たちの物差しで入居者を選別しがちです。家族が望んでいないのに、入居のために仕方なく胃ろうを造らざるを得ないこともあるのです」

このように胃ろう患者の増加にはさまざまな背景要因が存在するだけでなく、それらが複雑に絡み合っており、ひと筋縄ではいかない問題なのだ。

望ましい医療と看護・介護の連携とは

だが、老人ホームには明るい兆しも見えている。独自に運営を工夫して、胃ろう患者でも口から食べられるよう支援するところが少しずつ増えている。

住宅型有料老人ホーム「住ま居るメディカ」(岐阜県多治見市)もその一つで、胃ろうや気管切開、尿カテーテルなど医療依存度の高い要介護者が暮らし、その約七割は病院からの紹介患者だという。

「ここには病院のような高度な医療機器はありませんが、生活感のある場所で最期まで療養してもらうことができます」

同ホームを運営する「株式会社YUKAIGO」の井下宣広社長がこう話すように、ホームは木造建築のよさを生かした居心地のいい空間が広がり、個室には入居者が思い思いの家具を持ち込んで暮らす。全介助の必要な重度要介護者がほとんどだが、普段はできるだけベッドから離床してリビングで過ごす。食事時が近づくと調理場からの匂いで食欲も刺激されそうだ。隣のデイサービスに通う人もいる。

在宅医療を行うクリニックとも連携しており、医師が毎日ホームを訪問。気になる症状があればすぐに相談でき、尿や血液などの検査にも迅速に対応してもらえる。夜間など急変時の往診も可能だ。

「医療依存度の高い要介護者に対応できるのは、在宅医療の進化による面もある。医療機器も充実し、できる医療行為の範囲も広がっています。病院とそれほど変わりない対応ができる」と、井下社長は言う。

ホームの最大の特徴は手厚い看護体制で、定員一六人に対して日中は二人の看護師が常駐する。介護はケアプランに基づいてホームヘルパー（訪問介護）が提供するが、「尿のにごりが気になる」「皮膚に赤みがあるので褥瘡（床ずれ）の兆候かもしれない」などと相談が持ちかけられると、統括責任者の高橋誠司さんら看護師がすぐに部屋に出向いて状態を確認し、対応策を助言できるのが強みだ。両者が一緒に介助することも少なくない。

「ヘルパーは日頃の生活状況をよく見ていますから、ちょっとした異変にも気づいてくれます。医療的な対応が必要かどうかを看護師が判断し、必要があれば医療機関につなげています」と、井下社長は話す。

取材中も、看護師とヘルパーが入居者のケアについて話し込む場面がよく見られた。通路での立ち話が、いつの間にかケア検討会議に様変わりしていることもある。

同ホームの入居一時金は二二五万円、月額費用は一四万三四〇〇円（食費込み、介護費は別途）と、看護体制が手厚い割には平均的な有料老人ホームと変わりがない料金だ。

入居者はケアマネジャーと相談のうえ訪問介護やデイサービスなどを利用するが、介護保険で賄えない分や緊急時は、ホーム常駐の看護師が臨機応変に対応する。その分は月額費用に含まれるので、重度の要介護者でも費用が高くなる心配がない。

共同経営者の石川敏幸副社長は言う。

「費用の安い介護老人保健施設から転居してくる方もいますが、家族は施設で思うように話を聞いてもらえずに不安を抱えていることが多い。面談では家族の考えを丁寧に聞くように心がけるだけでなく、なぜ月額費用がこれだけかかるのかも納得してもらうようにしています。『できること』だけでなく、『できないこと』も伝える。なかにはどこにも受け入れてもらえずに駆け込んで来られる方もいますが、当社は断らない方針です。すがる思いで相談に来られた家族を裏切るわけにはいきませんから」

遠藤幹雄さん（八〇歳、仮名）は胃ろうで痰の吸引が必要な重度の要介護状態で、数年前に住ま居るメディカに入居した。日中はリビングで他の入居者と一緒に過ごし、週三日はデイサービスも利用しているという。

妻の和代さん（仮名）は言う。

「在宅でずっと私が介護していましたが、主治医から勧められて施設を探すことになりました。見学でいろいろ説明を聞き、『ここなら、きちんとみてくれる』と思い決めました。よその老人ホームは新しくてもマンションのようで味気ないものや、トイレの臭いが充満しているところもあった。ここは家庭的でいい」

ホームの職員によると、和代さんは見学時、介護に疲れ切って表情も暗く、いまにも倒れそうな状態だったという。現在は夫の面会に日参しながら、趣味の愛唱歌も楽しむほど気持ちに余裕ができた。デイサービスには知り合いがいるので、話し相手にもなっている。

残念ながら幹雄さんは現在、口から食べることはできない状態だが「ここは本当にあんきにさせてもらえる」と、和代さんは穏やかな表情を浮かべる。あんきとは、岐阜県の方言で「安心」という意味だ。

肝心なのは「どう使うか」

住まい居るメディカは開設にあたって、あらゆる医療依存度の高い要介護者に対応できるようにと井下社長があらかじめ大学病院の救命救急センターと集中治療室で看護技術と判断力を磨いてきた。そこで出会った介護福祉士兼ケアマネジャーの石川副社長と意気投合し、「ほかのホームが真似のできないケアをしよう」と、二〇一二年にオープンした。

同ホームの看護と介護の連携のよさは地域でも評判で、「患者の受け入れを打診すると、すぐに職員数人が飛んできてくれる。患者の状態を把握したうえで、具体的にホームでどんなケアが提供できるのかを提示してくれるので安心して任せられる」と、市内にある急性期病院で患者の退院支援を行う相談員（ソーシャルワーカー）は話す。

一般に老人ホームは電話での問い合わせに応じることはあっても、入居が確定していない段階で病院にまで出向くことはあまりない。しかし、住まい居るメディカはできるだけかかりつけ医や看護師とも面談して、病状の経過をはじめ、既往歴や服薬状況、ＡＤＬ（日常生活動作）、必要な医療行為、本人・家族の意向など、まずは現状を把握することから始める。

そのうえで情報をホームに持ち帰って、訪問介護やデイサービスの責任者なども交えてどういう対応が可能かを話し合う。

「病院からも患者の状況を記した書面が提供されますが、ホームでの支援に必要な情報が記載されていないことが多い。問い合わせを何度もしなければならないだけでなく、なかには『なぜそんな情報が必要なのか』と教えてもらえないこともあります。ただ、私たちは入居者が亡くなるまでお付き合いすることになるので、医療面の情報がないと病院とも思うように連携できないのです」

医療と介護の連携の必要性が叫ばれて久しいが、現実には退院後の患者の生活にまで考えが及ぶ病院はまだまだ少ないようだ。情報共有のなさが両者にあらぬ誤解を生じさせ、余計に連携を難しくしていることにさえ気づいていない。そうした事情もあって、井下社長らは直接病院に出向いて情報を収集するようになったという。

「なかには胃ろうを造設すべきか迷っている家族もおられます。そんなときはまず点滴で受け入れ、看護師らが様子を見ながら口からの食事を試みることもできます。病院では即座に決断を迫られますが、こうすることで家族はゆっくり治療方針について考える時間が確保できます」

先の医療経済研究機構の調査では、胃ろうを造設した家族の約七割が入院後に決断を迫られており、そのうちの約五二％は一週間以内に造設を決めている。時間の制約があるなかで決めなければならないだけでなく、病状の不安定な時期なので適切な選択ができるとは限らない。住ま居るメディカのように退院後の回復を見極めながら決められるのであれば、家族も納得のいく選択ができそうだ。

「もちろん場合によっては胃ろうが必要なときもあります。認知症の進行で食欲が低下してやせ衰えていた女性がいたのですが、放置しておけば命の危険にさらされる状況でした。でも、胃ろうを使って体力を戻せば、再びご飯を食べられる可能性がありました。家族も納得して造設に踏み切ったところ、予想どおり体力が回復し、胃ろうと併用しながら口からも食べられるようになって、一ヵ月後には全食を口にできるようになりました」

悪者にされがちな胃ろうだが、肝心なのは「どう使うか」だ。それを患者・家族に専門的な見地から伝えていくことも必要なことがわかる。

「胃ろうにすると誤嚥性肺炎を軽減できる半面、栄養剤の逆流による肺炎を来すこともあります。できるだけ口から食べる支援を続けたとしても、いずれはできなくなるときも来ます。終末期の治療は家族の価値観だけで考えるのではなく、本人が元気なときにどう考えていたのかも大事です。リビングウィル（事前指示書）がなかったとしても、ご本人の気持ちを推し量れるのはやっぱり家族なんです」

ときにはかかりつけ医と家族の意向が食い違うこともあるが、そうした場合も住まい居るメディカでは家族の味方になって徹底的に寄り添う。

「医師への遠慮から、家族は言いたいことがあっても言えない場合もあります。そのため私たちがかかりつけ医の意見を伝えながらも、『どうされたいですか？』と家族に問いかけることが大事です。このひと押しがないとホンネは出てこない」

治療方針をめぐって在宅医とぶつかり合うこともあるが、「彼らが真摯に取り組んでいる姿勢を見ていると、こちらも真剣になります。医師以外で対等だと思える付き合いができる専門職はなかなかいない」と、「土岐内科クリニック」（土岐市）の長谷川嘉哉理事長（医師）はホームの職員を評価する。互いの信頼関係があるからこそできることでもあるのだろう。これも強みといえる。

「老人ホームの運営はもちろん事業ですが、ビジネスではありません。入居者と家族にとって何がいいのかを追求し続け、『この費用で入居できてよかった』と思ってもらえるようにしたい。職員同士が夢中で入居者のケアについて話し合っている様子を見ていると、まだまだ上を目指せると思っています。他よりもいいケアを提供することで、ひと風吹かせたいと思っています」

井下社長の強い意気込みからは、プロとしての強いプライドが伝わってくる。

偶然にも胃ろうアパートと同じ地域で運営されているが、こうも違いがあるのかと思い知らされるばかりだ。

「口から食べられない」は本当か？

「摂食・嚥下機能訓練は脳卒中回復期モデルが主なので、それだけでは治せない場合があります。維持期・慢性期は目覚ましい機能回復は望めないことを前提にアプローチ（支援の手法）を変えるべき。高齢者ができることをいかに見出せるか。それには病態の理解も不可欠です」

二〇一五年五月。理学療法士（PT）や言語聴覚士（ST）などのリハビリテーション専門職が集う学術大会で、大阪大学大学院歯学研究科准教授の野原幹司歯科医師は満席の会場に向けてこう訴えた。

摂食・嚥下機能訓練の専門家として、認知症高齢者への支援にも詳しい野原准教授は、いま業界で注目され、講演にも引っ張りだこの人気者だ。大学病院の顎口腔機能治療部で患者を診療するだけでなく、訪問歯科医として全国各地にも出向く異色のキャリアの持ち主である。

学術大会での持論は、かつて学んできた診察法や機能回復訓練が、在宅や施設の高齢者にほとんど通用しなかったのを自ら体験したことによるものだという。

「稀に通用しても症状が悪化していく。脳卒中回復期患者を対象とした機能の回復・維持を目的とするリハビリテーションが通用しない世界であることを思い知らされました。実践を積み重ねていくなかで、認知症のように進行性のある病態には訓練ではなく、支援が必要だと気づかされたのです。機能が回復しなくても、いまある機能を見極めて介護職らが支援することで食べられるようになる高齢者は多いはずです」

その指摘を裏づけるデータもある。

野原准教授と「太田歯科医院　訪問歯科診療センター」（田實仁センター長、鹿児島市）が共同で、脳血管疾患とＡＬＳなどの神経変性疾患がある在宅患者二〇七人を対象に二〇一二～一五年までの三年間の経過を追ったところ、経口摂取していなかった七七人の患者のうち、少量でも口から食べられるまでに移行したのは六〇人と約八割にも上った。

これとは別に野原准教授が二〇一一年、経口摂取を禁止されていた在宅の胃ろう患者四四人も調べたが、九割が全量もしくは一部を問題なく口から食べられることも明らかになっている。しかもこれら患者には機能訓練を行ったわけではなく、食べられるモノの性状や量を見極めただけだったという。

「患者の多くは嚥下機能が自然に回復していても、入院時の指示どおりに食事を中止されていました。病院では症状の悪いときに診断しているので中止せざるを得ないこともあります。誤嚥などのリスクを回避しようと、経口摂取を過度に禁止する傾向も見受けられます。そうした入院中の診断が最終となったまま何年も経過し、退院後に嚥下機能がよくなっていても誰も評価していない。その結果、食事も止められたままになっているのが現状です」

事実、野原准教授らがこれといった訓練をしなくても食べられるようになり、胃ろうを外せる例は少なくない。脳卒中患者でも半年以上経ってから嚥下機能がゆっくり回復する場合もあるなど、口から食べられるチャンスが見落とされている可能性を示唆する。

たしかに在宅介護の現場では、医師から食事を禁止されている胃ろうの要介護者に、家族の判断でゼリーなどを食べさせてみたら「ぺろっと平らげた」といった話はよく聞く。

ある特別養護老人ホームでは、食事をなかなか噛もうとしない入居者に栄養士が機転を利かせて煎餅を渡したところ、「ばりばりと音を立てておいしそうに食べた。いままで軟らかいものしか食べられないと思っていたのは何だったのか」（介護職員）という事例さえある。支援する側の思い込みが、回復を阻んでいる可能性は大きいのかもしれない。

特別養護老人ホームの全国団体である「公益社団法人全国老人福祉施設協議会」の調査では、胃ろうから経口摂取への移行を施設が「試みていない」「移行を考えたことがない」という入居者が七割にも上ることが明らかになっている（二〇一一年）。誤嚥や窒息などのリスクを恐れて、食べる試みさえ十分に行われていないのが実態なのだ。

「特別養護老人ホームなどでは誤嚥の有無が、経口摂取できるか否かの判断基準になっているだけでなく、胃ろう造設のきっかけになることも多いのですが、誤嚥したからといって必ずしも肺炎になるわけではありません。咳払いできるかどうか、体力・免疫力など栄養状態も関わるからです。食事内容に制限を設けたり、摂取量を考慮したりすれば解決することもあります」

〝介護の力〟が発揮される領域

口から食べてもらうには病態の理解も不可欠だという。例えば、認知症も原因疾患によってアプローチが違う。

「認知症でもっとも多いとされるアルツハイマー病を原因とする場合は、注意障害によって食べないこともあります。施設でテーブルの模様をこすり続けている高齢者を見かけることがありますが、あれは周囲にまんべんなく注意が払えずに一点に集中する特性があるから。トレイに二皿置くと、混乱してしまうのです。一皿だけにすれば、『これを食べればよい』と認識できる」

認知症高齢者は食べ始めるまでに時間がかかることも多いが、それも記憶障害（食器の使い方を忘れる）や見当識障害（食事場面を認識できない）によるもので、介護職らが「一緒に食べましょう」などと声かけして、食器を持ってもらうと食べるきっかけにつながりやすいことは介護職からも聞かれる話である。病気による症状の特性を理解したうえで、どうすれば食べてもらえるかを考えることが必要なわけだ。

「嗜好への配慮も必要です。食べたくないものは、嚙まないし、食べない。生ぬるいものは飲み込みにくいこともわかっています。また、アルツハイマー病の五〜六割は味覚障害があるといわれており、味付けを濃くしないと味がわからないことも。不味《まず》いと認識して食べない場合もあるんです」

これらは生活を支える〝介護の力〟が発揮される領域である。入院中の嚥下機能評価を鵜呑みにしないことも大切だが、病気の診断を踏まえた対応が求められることも意味する。まさしく医療と介護の連携が求められる所以《ゆえん》である。

「在宅や施設などで生活する高齢者にとっても、食事は生きている限り続くものです。食べたり、味わったりする楽しみを取り戻せるよう、そのチャンスを見逃さないことが大切です。唾を飲み込んで問題なく生活できていれば、口から食べられる可能性は十分にある」

老人ホームでは食事中にむせや咳き込みが見られると、刻み食やおかずを軟らかく加工したソフト食などを出すところが増えているが、必ずしも嚥下機能の適切な評価がされているわけではない。医師が関わっていても専門外であることも多いからだ。

その解決には歯科医が介護現場にどんどん出て行く必要性がある、と野原准教授は指摘する。

「私も訪問歯科医として在宅医と一緒に患者宅を訪問していますが、現場で嚥下内視鏡検査の結果を見せると納得してもらいやすい。その後に経口摂取につながる場合も多いのです。歯科医がかかりつけ医になることはまずありませんが、専門医として家族だけでなく、在宅医にアドバイスすることで意思決定支援が適切にできるようになります」

コンビニよりも数が多いといわれ、生き残りをかけた競争が激しい歯科診療所。昨今は老人ホームに出入りする訪問歯科医が増えつつあるものの、摂食・嚥下への対応はまだまだ遅れている。野原准教授が指摘するように、在宅医と連携した体制をつくれれば口から食べられる高齢者が飛躍的に増える可能性はありそうだ。

「胃ろう外し」に取り組む特養

たとえ胃ろうを造設したとしても、ふたたび口から食べられる機会を見つけてもらえれば家族の苦悩も軽減するだろう。特別養護老人ホームでも「胃ろう外し」に取り組むところが出始めている。

青森県弘前市にある「サンアップルホーム」では、入居者八〇人のうち胃ろう造設者は一四人いるが、訓練中も含め六人が何らかの食事を口から食べている（二〇一五年八月現在）。

胃ろう外しプロジェクトの責任者で、介護総括主任の大里めぐみさんは言う。

「病院から胃ろうで退院してくる患者さんはたしかに増えましたが、『本当に必要なの？』と思う場合もあります。病状によっては多少時間がかかりますが、胃ろう造設から数年経っていても食事のメニューや硬さなどを工夫することで食事ができるようになります」

森山太郎さん（仮名、八五歳）も、入居後に胃ろうを外すことができた一人だ。肺炎を機に胃ろうを造設したが、病院から退院後に入居した有料老人ホームでは食事をいっさい与えられず、胃ろうのチューブを引き抜こうとするのでつなぎ服を着せられる身体拘束も行われていた。

この対応に疑問を抱いた家族が、胃ろう外しに取り組んでいるサンアップルホームの評判を聞きつけ転居させたところ、一週間後にはスプーンを使って自力で食べられるまでに回復したという。

介護職員は寝たきりだった森山さんを入居後すぐにベッドから車いすに離床させ、排泄もオムツからトイレ介助に移行させた。歩行器での訓練も開始したところ、筆者が取材に出向いたときには約一〇〇メートルの歩行が可能になっていた。驚異的な回復だが、大里さんによると決して珍しいことではないという。

「胃ろう造設から一年以内であれば、一〜二ヵ月で普通食が食べられるようになります。唾液がサラサラになり、痰が減るメリットも。当初はまったく反応を示さなくても、本人の好きなものを提供すると、食べてくれることもあります。私たちも寝たきりの状態を見ると『回復は難しい』と思い込んでいたのですが、トイレ介助を積極的に進めていくと座れるようになるだけでなく、歩行まで可能になる入居者が少なくないことに気づかされました」

サンアップルホームが本格的に胃ろう外しを始めたのは二〇一一年から。きっかけは「公益社団法人全国老人福祉施設協議会」（東京都千代田区）が主催する介護力向上講習会への参加と、トップの強いリーダーシップだったという。以前に「オムツ外し」で成功した経験も、職員の背中を押した。

「当時、ホームの施設長だった大平《おおだいら》和夫理事長が、『何かあったら私が責任をとる』と言ってくれたので、職員もやる気になりました。実際、始めてみると入居者が元気になり、表情も明るくなっていく。やったことが成果として出てくると職員も嬉しいようです。オムツ外しでは、年間八〇〇万円程度のオムツ代削減につながる効果もありました」と、黒石陽子総合施設長は話す。

ケア改革を進めるには相当なエネルギーが必要とされるが、トップの強力な後押しがあるからこそ可能になるというわけだ。場合によっては事故が起きるリスクもあるだけに余計にそうなのだろう。

とはいえ、いきなり胃ろうを外せたわけではない。最初にとりかかったのが、食形態の改善だった。

思い込みが回復を阻む

ホームでは胃ろうなど経管栄養を必要としない入居者に対して、「普通食」「刻み食」「えん下食」のいずれかを提供していたが、介護力向上講習会の講師からの勧めもあって、思い切って全員（経管栄養の入居者を除く）を普通食に切り替えた。

「焼き肉など噛みにくいものはハンバーグにするなど、栄養士ら調理担当の職員と相談しながらメニューも工夫しました。そうしたら、意外にも全員がむせることなく食べることができたのです。以前にミキサー食からソフト食に切り替えたときも食事量が増えるなどの効果が出ていたので『いいケアにつながっている』と思っていたのですが、実は軟らかくすることで〝噛む力〟を低下させていたことがわかったのです」

こう大里さんは振り返る。

それまでは入居者が食事中に少しでもむせるとえん下食などに変更し、そのままになっていたという。入居者の平均年齢は八五歳前後で、「要介護4、5」の重度要介護者が中心であるため、「機能の維持がせいぜい」だと考えていたが、そうではなかったのだ。

お粥も普通のご飯に統一したが、当初は口に入ったことを認識できなかったり、いつまでも飲み込まなかったりする入居者もいた。なぜなのか大里さんはさまざまな専門書などにあたって考え、「もしかしたら飯粒がばらばらしているので食塊形成ができにくいのではないか」とひらめいた。どうすればいいのか調理担当の職員に相談したところ、ご飯にとろろ芋をつなぎとして入れるなどの工夫が提案され、実施したところ四ヵ月で全員が普通食を達成できた。

手応えを得た職員が次に取り組んだのが、一日一五〇〇ミリリットルを目安とする水分補給だ。これも講師の指導によるもので、水分量の不足が高齢者の覚醒度を低下させたり、認知症の悪化にもつながったりするという考えが根拠となっている。

ただ、半信半疑だったと、生活相談員の東谷康生さんは打ち明ける。

「それまでは毎食時のほか、午前と午後のそれぞれ一回ずつお茶を出すだけで、各入居者がどのくらい水分を摂取しているのか記録すらしていませんでした。介護専門学校などでは飲ませ方は学んでも、必要な水分量の目安を教えてもらうことはありません。ホーム常駐の看護師は記録していたようですが、恥ずかしながら介護職は把握していなかったのです」

当初は介護職員らの抵抗も少なくなかったという。だが、取り組みを進めるために、一二人程度の入居者を受け持つユニット間で競争させ、達成できたユニットの職員には施設長から表彰状を手渡すなどの試みも取り入れた。

「一五〇〇ミリリットルというと、大まかにコップ一杯分（二五〇ミリリットル）×六回の計算です。すでに毎食時（三食）に加え、午前と午後のそれぞれ一回で計五回は水分を提供しているので、残りの一杯をどうやって飲んでもらうかが課題でした。水分をとりたがらない高齢者も多いので、どうすれば飲んでもらえるかを各職員が真剣に考えるようになりました」

その結果、起床後すぐに飲み物を出すという提案が生まれたほか、個々人の嗜好に合わせてココアやジュース、牛乳などバリエーションも増やした。水分を拒否する入居者には、飲み物を寒天ゼリーなどに加工して差し出すと食べてもらえた。

「水分の摂取量が増えると明らかに覚醒水準が上がって、顔つきもしゃきっとします。認知症による落ち着きのなさなどの症状も和らいだので、本当にびっくりしました」と、東谷さんは話す。オムツ外しや歩行訓練の取り組みも始めたが、体を動かすと咽が渇くので、水分をより摂ってもらいやすくなったという。

その後に始めた胃ろう外しでは、新たに歯科医と連携して口の開きや舌の突出度合い、義歯の状況などをチェックしたうえで、施設の嘱託医とも相談しながら口腔マッサージなどの訓練も開始。食べるときの姿勢や義歯も調整し、煮豆やプリンなどで反応を見ながら食形態の工夫も進めていったところ、当時いた一三人の胃ろう造設者のうち一〇人はすぐに普通食などを口にできた。

「以前は病院からの指示に何ら疑問を持ちませんでした。組織も縦割りで、看護師は健康管理、栄養士は食事管理、介護職は生活支援といった具合にバラバラに動いていたのですが、それぞれの専門職から意見を聞いたり、学んだりすることで入居者の暮らし全体をみていく動きにつながりました。これからも病院では患者が一時的に栄養を確保できるよう胃ろうを造設せざるを得ない例は増えていくでしょうが、退院後に胃ろうを外せるようになれば高齢者の選択肢は増える。胃ろうにしたくない人の受け皿にもなります」

大里さんはこう力説する。

サンアップルホームは以前から特別養護老人ホームのなかでも平均以上のサービス水準を確保していたが、それでも改善すべき点はまだまだあることがわかった。他の施設も改革できる余地は十分にあるといえる。

誰しも介護が必要になっても、「おいしいものを食べたい」という欲求は変わらない。その願いを叶えてくれる事業者が増えれば、たとえ胃ろうを造設しても希望が持てる。現場に必要なのは医療行為のできる介護職ではなく、生活支援を通して普通の暮らしを取り戻し、最後まで口から食べられるようにする取り組みではないだろうか。

来るべき多死社会に備え、介護が果たすべき役割はますます高まっていく。介護ビジネスの餌食になる高齢者を増やさないために、そして老いることが苦にならないようにするためにも、早急に日本型のケアモデルを構築する必要がある。

おわりに

今春、高桑五郎氏から筆者のもとに手紙が届いた。二〇〇九年に一〇人の入居者が火災で亡くなった無届け施設「静養ホームたまゆら」（群馬県渋川市、解散）の元経営者である。手紙の内容は、新たに老人ホーム事業に着手する、という挨拶状だった。本人は経営には携わらないが、事業者へのアドバイスなどで協力するのだという。

あれだけの大惨事を起こして社会からバッシングされ、執行猶予が付いたとはいえ刑事罰にまで処されたのに、まだ繰り返すのかと呆れかえった。

奇しくも経済誌「経済界」（二〇一五年七月二一日号）では、かつて介護不正で事業からの撤退を余儀なくされた「コムスン」を率いていたグッドウィル・グループ（GWG）の元会長、折口雅博氏へのインタビュー記事が掲載された。

そのなかで氏は、「……GWGでは『常に正しいほうを選べ』ということを理念に掲げて、社員は毎日のように唱和していました。そういう企業理念のある会社が、体質としてコンプライアンス違反を起こすようなものではないと断言できます。……」と答えている。

まるで不正を摘発されたのが間違いであったかのような発言で、しかも理念さえ正しければ社員が思い通りに付いてくるという浅薄な考えに改めて失望させられた。過ちを素直に認めて生まれ変わることが、いかに難しいかを痛感させられる二つの事例だと思う。

筆者がこれまで追いかけてきた悪徳業者も、ほとぼりが冷めた頃に同じことを繰り返すのをいくつも見てきた。それだけ変革するのは容易ではないのだろう。

介護ビジネスの拡大はこれからも続くが、民間だからこそできることは多い。隠れたニーズをいち早く見つけ、それを新たな事業に結びつける能力には驚かされる。質の高いサービス提供を目指し、知恵を出し、工夫を凝らす事業者に巡りあうのは取材冥利に尽きる。

一方で、立場の弱い要介護者や家族が相手だけに事業者には驕《おご》りが生じやすく、それが不正や不適切なケアのきっかけになることもある。介護は高いモラルが要求される仕事だが、残念ながらそうした意識の薄い事業者が少なくないのも現状だ。

今後も手を変え品を変え、高齢者を食い物にする事業者は出てくる。悪徳・悪質業者との闘いに終わりはない。制度は不具合が見つかったらすぐに見直すだけでなく、どう上手く運用させていくかにも力を入れて欲しい。そうでなければ、いくら老人ホームや介護事業所の数ばかり増えても、老後不安は払拭されない。

本書を完成できたのは、情報提供や取材に協力をしてくださった問題意識の高い専門職の方々と、数年がかりの執筆を根気よく待ってくださり、その間に的確なアドバイスや資料収集などで導いてくれた講談社現代新書の丸山勝也さんのおかげである。この場を借りて心より御礼を申し上げ、結びとしたい。

長岡美代

二〇一五年八月

おもな参考文献

吉岡充・村上正泰『高齢者医療難民』(PHP新書)
NPO全国抑制廃止研究会『介護保険関連施設等の身体拘束廃止の追跡調査及び身体拘束廃止の取組や意識等に関する調査研究事業報告書』
辻哲夫『日本の医療制度改革がめざすもの』(時事通信社)
二木立『安倍政権の医療・社会保障改革』(勁草書房)
日本尊厳死協会東海支部編著『私が決める尊厳死』(中日新聞社)
丸山道生『愛する人を生かしたければ胃瘻を造りなさい』(主婦の友インフォス情報社)
野原幹司編著『認知症患者の摂食・嚥下リハビリテーション』(南山堂)
全国保険医団体連合会『保険医のための審査、指導、監査対策【第3版】』

講談社現代新書　2334

介《かい》護《ご》ビジネスの罠《わな》

二〇一五年九月二〇日第一刷発行

著者　長《なが》岡《おか》美《み》代《よ》　© Miyo Nagaoka 2015
発行者　鈴木　哲
発行所　株式会社講談社
東京都文京区音羽二丁目一二―二一　郵便番号一一二―八〇〇一
電話　〇三―五三九五―三五二一　編集（現代新書）
〇三―五三九五―四四一五　販売
〇三―五三九五―三六一五　業務
装幀者　中島英樹
印刷所　凸版印刷株式会社
製本所　株式会社大進堂
定価はカバーに表示してあります　Printed in Japan

N.D.C. 360　261p　18cm
ISBN978-4-06-288334-4

「講談社現代新書」の刊行にあたって

教養は万人が身をもって養い創造すべきものであって、一部の専門家の占有物として、ただ一方的に人々の手もとに配布され伝達されうるものではありません。

しかし、不幸にしてわが国の現状では、教養の重要な養いとなるべき書物は、ほとんど講壇からの天下りや単なる解説に終始し、知識技術を真剣に希求する青少年・学生・一般民衆の根本的な疑問や興味は、けっして十分に答えられ、解きほぐされ、手引きされることがありません。万人の内奥から発した真正の教養への芽ばえが、こうして放置され、むなしく滅びさる運命にゆだねられているのです。

このことは、中・高校だけで教育をおわる人々の成長をはばんでいるだけでなく、大学に進んだり、インテリと目されたりする人々の精神力の健康さえもむしばみ、わが国の文化の実質をまことに脆弱なものにしています。単なる博識以上の根強い思索力・判断力、および確かな技術にささえられた教養を必要とする日本の将来にとって、これは真剣に憂慮されなければならない事態であるといわなければなりません。

わたしたちの「講談社現代新書」は、この事態の克服を意図して計画されたものです。これによってわたしたちは、講壇からの天下りでもなく、単なる解説書でもない、もっぱら万人の魂に生ずる初発的かつ根本的な問題をとらえ、掘り起こし、手引きし、しかも最新の知識への展望を万人に確立させる書物を、新しく世の中に送り出したいと念願しています。

わたしたちは、創業以来民衆を対象とする啓蒙の仕事に専心してきた講談社にとって、これこそもっともふさわしい課題であり、伝統ある出版社としての義務でもあると考えているのです。

一九六四年四月　野間省一